파워인터뷰 42

사람이 희망이다

파워인터뷰 42
사람이 희망이다

초판 1쇄 발행 2016년 6월 27일

지은이 손정호
펴낸이 강수걸
편집장 권경옥
편집 윤은미 정선재
디자인 권문경 구혜림
펴낸곳 산지니
등록 2005년 2월 7일 제14-49호
주소 부산광역시 연제구 법원남로15번길 26 위너스빌딩 203호
전화 051-504-7070 | 팩스 051-507-7543
홈페이지 www.sanzinibook.com
전자우편 sanzini@sanzinibook.com
블로그 http://sanzinibook.tistory.com

ISBN 978-89-6545-359-8 03300

* 책값은 뒤표지에 있습니다.
* 이 도서의 국립중앙도서관 출판예정도서목록(CIP)은 서지정보유통지원시스템
홈페이지(http://seoji.nl.go.kr)와 국가자료공동목록시스템(http://www.nl.go.kr/
kolisnet)에서 이용하실 수 있습니다.(CIP제어번호: CIP2016013331)

파워인터뷰 42

사람이 희망이다

보통 사람 42인에게 듣는
삶의 지혜와 용기

손정호 지음

산지니

서문

/

수정산 벚꽃이 눈부시다. 낮 기온은 벌써 여름이다. 봄이 짧아진
다. 30여 년 전 군대 내무반에서 보았던 앞산의 진달래 무더기가 생
각난다. 진달래가 그렇게 많이 모여 있는 것을 보지 못했다. 연분홍
에서 진홍빛까지 섞여 있는 봄산이었다. 설레면서 아렸다.

봄은 생명이지만 또 죽음도 잉태하는 모양이다. 가장 예쁘기에
가장 아프다. 세월호 2주기를 맞아 엄마 아빠 미안해 그리고 사랑
해, 라는 마지막 문자를 보낸 학생을 생각한다.

지난 2015년 1년간 와이드인터뷰한 사람들의 이야기를 책으로
묶어 낸다. 애초 책 만들 생각이 없었지만 기념이 되고 추억이 된다
는 말에 이끌렸다.

와이드인터뷰는 우리 주변 다양한 사람들의 삶을 소개하고 이해
하기 위해 기획됐다. 이유 없는 삶은 없을 것이다. 모르기 때문에 서
로 반목하고 경계하는 것이다. 각양각색의 생각과 행동 양식을 갖
고 있는 사람들을 만났다. 신문 1개면 전면 인터뷰가 아니었다면
만날 수도, 속마음을 들을 수도 없었을 것이다. 기회를 준 부산일보
이상민 전 편집국장에게 감사드린다.

이념과 생각은 달라도 대부분 겸손했다. 가슴에 꿈을 품고 산다
는 공통점이 있었다. 역경과 고난을 겪지 않은 사람은 없었다. 견뎌
냈기에, 혹 견뎌 내고 있는 중이기에 그 자리에 있다는 사실이었다.
눈물 속에 핀 꽃처럼, 꽃이라면 슬픔도 거름이 될 것이기 때문이다.

5

조수미 씨가 맨처음 떠오른다. 일개 지방지 기자에 불과한데도 성의껏 인터뷰를 해줘 감동을 받았다. 소탈했고 거리낌이 없었다. 인증샷을 함께 찍을 때 떨어져 있으면 사진이 잘 안 나온다고 팔짱도 껴 주었다. 자식을 먼저 보낸 소설가 정혜경 씨와 호스피스 자원봉사자 김미자 씨도 생각난다. 자식을 가슴에 묻은 부모의 마음을 알게 해 주었다.

긍정의 에너지가 넘치는 김영식 천호식품 회장, 치어리더의 삶을 즐기며 후배들에게 모범이 되겠다며 깔깔 웃던 박기량 씨, 90이 다 된 나이에도 기자를 질책하던 박종철 아버지 박정기 씨, 그리고 내가 옳고 다른 사람이 틀렸다는 생각을 어떻게 안 하고 살까, 항상 고민한다는 채현국 선생도 생각난다. 후배 부탁으로 사건 이후 처음으로 미문화원을 찾아와 준 문부식 선배에게도 고마움을 전한다.

또 고령에도 불구하고 국제시장에서, 자갈치에서, 책방골목에서 50년 이상 원도심의 한 자리를 지켜 왔던 오수찬, 한순지, 김여만 대표께도 감사드린다. 좋은 인연을 맺었던 다른 모든 분들에게도 고마움을 전한다.

인터뷰를 쓰는 1주일은 금방 흘러갔다. 이틀은 인터뷰이 선정과 질문지 작성으로 보냈다, 하루는 취재를 하고 또 이틀은 녹음기를 듣고 글을 썼다. 기자 생활 초창기 한 선배가 기자는 10개를 취재해 와서 3~4개만 기사로 써야 한다는 말을 했는데 글 쓸 때마다 생각이 났다. 인터뷰 기사는 매번 버리기 연습이었다. 쓸 것은 많았지만 버려야 했다. 처음으로 사람 만나러 가는 게 즐거웠던 1년이었다. 이번에 만나는 사람은 어떤 사람일까, 어떤 사연과 감동을 전해 줄까 늘 설렜다.

인터뷰를 진행하면서 인터뷰이가 된다는 것은 용기가 필요하다는 것을 깨달았다. 자신을 객관적으로 볼 수 있고 속마음을 고백할 수 있는 솔직함이 필요했다. 쉬운 일이 아니다.

좋은 책으로 만들어 준 산지니 편집진에게도 고마움을 표한다. 매번 첫 번째 인터뷰 초안 독자가 되어 준 아내와 딸 지현, 아들 민수도 고맙다. 평범한 일상이 행복이라는 것을 깨닫는다.

꽃 피는 사월, 수정동에서
손정호

목차

2부 /

희망을 나눠드립니다

3부 /

유월의 아버지

4부 /

사직 여신

1부

신이 내린 목소리

©김병집

거장 카라얀을 만나 오디션을 하고 나왔을 때
저는 완전히 다른 사람이 되었습니다.

신이 내린 목소리

조수미

소프라노

/

"거장 카라얀을 만나 오디션을 하고 나왔을 때 저는 완전히 다른 사람이 되었습니다. 아마추어였던 저를 단박에 높은 예술의 경지로 올려 놓으셨으니까요. 유럽에서 성공할 수 있을지 확신할 수 없고 두려웠던 20대 시절, '백년에 하나 나올까 말까 한 목소리'라 극찬해 주신 그 순간, 제 운명이 바뀌었어요."

〈윈터 판타지〉 전국투어 공연차 부산에 온 세계적 오페라 가수 조수미 씨. 2014년 12월 28일 벡스코 오디토리움 공연을 마친 뒤 1층 출연자 대기실에서 만났다. 2시간에 걸친 공연에 의상도 서너 번 갈아입었는데도 피곤한 기색은 전혀 없었다. 소탈했다. 공연 도중 새로운 곡을 연주하기 직전 갑자기 드레스를 힘껏 추켜올려 관중들도 웃고 조수미 씨도 까르르 웃었던 해프닝처럼 친근한 모습이었다.

카라얀과의 만남은 그녀에게 자신에 대한 자신감과 "나의 갈 길은 음악이구나" 하는 확신을 갖게 만들어 줬다고 고백한다.

"그날 카라얀은 평생 지켜야 할 조언도 해 주셨죠. 첫째는 목을

15   조수미

아껴라. 너무 많은 것을 하지 말고 목소리에 맞는 오페라 역만 하라고 말씀하셨지요. 하나를 하더라도 디테일하게, 독수리의 눈으로 무대를 처음부터 끝까지 다 보는 것이 중요하다고요. 또 하나는 음악을 하지 않을 때는 모든 것을 놓으라고 하셨어요."

조수미 씨는 그게 현실적으로 가장 어려웠다고 말한다. 항상 음악 멜로디가 머릿속에 맴돌고 어떤 때는 잠도 못 자고 그러는데 쉰다고 어떻게 완전하게 내려놓을 수 있는지. 카라얀도 힘들었지만 어느 순간 그걸 배웠다고 말했단다. 그녀는 "저는 아직 그것을 몰라요, 매순간 음악에 파묻혀서 살아요"라며 웃는다.

이번에 〈윈터 판타지〉를 통해 〈달꽃(Moon Flower)〉이란 곡을 국내에서 처음으로 불렀다. 노르웨이 출신 감성듀오 '시크릿 가든'과 협업한 작품이다.

"시크릿 가든은 제가 좋아하는 그룹입니다. 북유럽 감성의 아름다운 선율이 매력적이에요. 사랑하는 남자를 기다리다가 꽃이 된 소녀의 이야기지요. 올해 시크릿 가든이 데뷔 20주년 기념 음반을 발매하는데 한 곡 같이 부르자고 제안이 와서 흔쾌히 참여했습니다. 저 역시 2016년이 세계 무대 데뷔 30주년이라 동질감이 컸습니다."

화려한 멜로디에 조수미 씨의 격정적인 보컬이 잘 어우러져 관중들의 반응이 뜨거웠다.

이번 〈윈터 판타지〉 전국 투어에서 가장 중점을 둔 메시지나 콘셉트는 무엇인지 물어봤다.

"올해는 우리나라가 세월호의 슬픔도 있었고 어느 때보다 힘든 한 해를 보내고 있는 것 같아요. 긍정적이고 밝은 마음을 전하고 싶어 눈과 함께 하얀색을 생각했고 자연스레 '겨울 판타지'가 된 것 같습니다. 어려운 현실에서 잠시 벗어나 아름다운 음악으로 아픔을 치유하는 계기가 되기를 소망합니다."

조수미 씨는 1년에 300일 이상 세계 각지를 돌며 공연을 한다. 음악적으로 위기가 찾아온 적은 없었을까.

"많은 여행을 하며 노래를 하는 것은 힘든 일입니다. 충분한 휴식 시간을 가질 수 있도록 노력하는 편이지요. 음악적인 위기보다는 환경적인 어려움이 한 번씩 찾아옵니다. 수년 전 파리 공연을 앞두고 아버님 부고 소식을 들었습니다. 다음 날 목이 잠겨 노래를 할 수 없는 지경이 되었지만 노래를 해야 했습니다. 다행히 관중들의 격려와 박수로 무사히 마칠 수 있었지요."

오늘 공연서 〈달꽃〉 〈마법의 성〉 등 우리 말로 된 노래를 부를 때 보면 가사전달이 너무 확실하고 감정표현도 아주 섬세했다.

"오페라 가수들의 가장 큰 약점은 가사전달입니다. 서양 클래식 음악 자체가 외국어를 모르는 사람에게는 불편하지요. 나라마다 언어 스타일이나 정서가 다르기 때문이지요. 저도 '한국어로 노래할 때 내 목소리가 가장 아름답고 나 자신이 빛날 수 있구나' 하고 느낍니다. 〈문 플라워〉 같은 노래는 구절 하나하나, 단어 하나하나에 감정을 실어 노래하게 됩니다. 저도 굴곡의 역사를 가진 한국사람이라 애환을 더 잘 느끼니까, 더 절절할 수밖에 없지요. 슬픔의

17 조수미

멜로디를 부를 땐 한국사람이란 게 장점이죠. 잘 태어난 거죠."

'잘 태어난 거죠'라는 말이 아프게 들린다. 실제로 조수미 씨는 기다림이나 그리움을 표현한 노래에 너무 잘 어울리는 목소리를 가졌다. 앙코르곡으로 부른 카치니의 〈아베마리아〉나 우리 가곡 〈동심초〉 그리스 노래 〈기차는 8시에 떠나네〉 등을 들어 보면 목소리의 강약을 자유자재로 조절하면서 듣는 이의 가슴을 저리게 한다.

프란치스코 교황을 만났을 때 이야기를 들어 봤다. 특히 교황은 조수미 씨와 투병 중인 조수미 씨 어머니에게 묵주 2개를 선물했는데 묵주를 보며 어떤 기도를 할까.

"천주교 신자로서 교황님을 흠모했어요. 말이 아닌 행동으로 보여주시는 그 자체가 존경스러웠어요. 그분을 통해 가난한 사람들, 몸이 아픈 사람들, 음악이 넋두리가 되는 사람들, 즉 음악보다 당장 먹고살 기반이 없어 힘든 사람들에게 먼저 눈을 돌리고 싶어요. 기부·자선음악회도 많이 하고요. 목소리로써 할 수 있는 모든 일을 하며 사는 게 진정한 기쁨이라는 것을 그분을 통해 확신을 갖게 됐습니다."

불투명한 미래를 걱정하면서도 자신의 꿈을 잃지 않고 살아가는 청소년들에게 조언을 부탁했다.

"저 자신도 그 시기에 많은 방황를 했습니다. 청소년들은 아직 완성되지 않은 보석들입니다. 주변의 많은 분들과 대화를 하는 게 중요합니다. 속마음을 표현하고 다양한 경험을 해 보고 그 느낌을 다시 자신이 성장하는 에너지로 사용하는 지혜가 필요하지요. 청소년기에 어떤 생각을 하느냐에 따라 평생 살아가는 방향이 결정된다고 감히 말할 수 있습니다."

조수미 씨는 부산과는 2002년 부산아시안게임 홍보대사로 임명되면서 첫 인연을 맺었다고 말한다. 가장 의미가 깊었던 자신의 노래는 〈챔피온〉이라며 월드컵을 위해 만들어졌지만 그 내용이 매우 긍적적이고 진취적이어서 늘 기운을 샘솟게 한다고 답한다. 대학시절 첫사랑에 대한 언급에 그녀는 비밀을 들킨 아이처럼 해맑게 웃었다. 평범한 인생을 살았다면 가장 하고 싶은 일은 무엇이었을까.

"어린이나 동물들과 지내는 일을 택했을 겁니다. 수의사나 아니면 학교 선생님요. 가능하다면 사회봉사도 했으면 좋겠지요. 그렇지만 운명을 믿어요. 저에게 주어진 미션은 '세상의 평화와 아름다움을 노래로 표현하기 위해 왔다'는 것을 느끼며 30년을 살아왔어요. 다른 선택은 없었을 것 같습니다. 음악만을 위해 살고 있으니까요, 지금."

/

조수미 1962년 서울서 태어나 선화예중·고를 거쳐 서울대 성악과에 사상 최고 실기 점수로 입학했다. 1983년 이탈리아로 유학을 떠나 5년제 산타체칠리아 음악원을 2년 만에 졸업했다. 국제 콩쿠르서 7차례 1위를 수상한 뒤 1986년 트리에스테의 베르디 극장에서 〈리골레토〉의 질다 역으로 세계무대에 데뷔했다. 1988년 카라얀은 오디션에서 '신이 내린 목소리'라며 극찬했다. 그 후 세계 5대 오페라 극장을 섭렵하며 명성을 쌓았다. 1993년 최고 소프라노에게 주는 이탈리아 황금기러기상, 2008년 국제 푸치니상 등 수많은 상을 받았다.

©김병집

보기에는 여성스러운데 무대에만 서면
다른 사람이 돼요. 젊었을 때 굿판을 많이
돌아다녀서 그런가 봐요.

한국춤의 현대화 40년

최은희

경성대 무용과 교수

/

"보기에는 여성스러운데 무대에만 서면 다른 사람이 돼요. 젊었을 때 굿판을 많이 돌아다녀서 그런가 봐요. 원초적인 힘을, 에너지를 분출하고 싶어요. 고정적이고 수동적인 것은 재미없어 했지요. 근원에 대한 설렘·두근거림을 춤으로 표현하고 싶었어요."

부산에 정착한 지 30년이 훌쩍 넘은 최은희 경성대 무용과 교수를 남구 대연동 교수연구실에서 만났다. 2015년 4월 초 '최은희의 신굿판'이라는 전통춤과 창작춤의 어울림으로 을미년의 액을 풀어내고 환희를 기원하는 춤판을 한바탕 쏟아낸 최 교수. 그날 중요무형문화재인 승무와 살풀이춤을 직접 췄다. 올해는 경성대 부임 30년, 춤패 배김새 창단 30년을 맞는 의미 있는 해란다.

"제가 을미년(1955년)생이니까, 제2의 춤꾼 인생을 새롭게 시작한다는 의미도 담겼지요. 30대 땐 주제가 정해지면 안무가 순간순간 떠올랐어요. 무대장치를 어떻게 할 것이며, 어떤 음악을 집어넣고, 춤은 무엇을 출 것인지 등등 말이죠. 이젠 순발력보다는 원숙미로, 삶이 녹아 있는 춤을 새로운 형식으로 표현하고 싶어요."

인천 태생인 최 교수는 1978년 이화여대 무용과를 졸업하고 곧바로 창작춤 동인 단체인 '창무회' 창단멤버가 돼 활동했다. 창무회는 '이 시대의 한국춤을 추자'는 모토로 당시로선 파격적인 무대를 많이 선보였다고 전한다.

"79년 제2회 공연이 평론가들의 주목을 많이 받았지요. 〈소리사위〉라는 공해를 표현한 공동안무·공동출연의 춤이었는데 단원 각자가 소음이라고 생각하는 음악을 녹음해 와 편집한 뒤, 그 소리에 맞춰 춤을 췄습니다. 현대인의 하루 일과를 그렸는데 아침에 병 깨지는 소리에 일어나고 인쇄소 기계 소리와 군화 소리에 반복되는 일상을 암시하고 클랙슨 소리와 브레이크 밟는 소리로 퇴근길 러시아워를 표현한 춤이었지요."

최 교수는 '저게 무슨 한국무용이냐' 질타에서부터 '한국춤의 새 지평을 열었다'는 극찬까지 반응은 극과 극이었다고. 최 교수는 이 시기에 한국정신문화연구원에 근무하면서 전국 굿판을 2~3년간 현장 답사했는데 이 경험이 이후 최은희 춤의 원천이 됐다고 설명한다. 삶과 죽음에 대한 원초적 질문을 끊임없이 되새겼으며 굿과 토속 신앙을 통해 많은 영감을 받았다고 한다.

"82년 8월 서울 아르코극장에서 첫 개인전 〈하지제〉를 발표했습니다. 곧바로 10월 제가 안무한 창무회 작품 〈넋들임〉으로 대한민국무용제 대상을 받았지요. 둘 다 굿과 제의 형식을 바탕에 깔고 새로운 무대예술로 재해석한 작품입니다. 넋들임은 제주에서 마음이 아픈 사람 치료할 때 하던 무당굿을 말하는데 고생하며 만든 작품이라 더 기뻤습니다."

최 교수는 대상 수상을 계기로 전국적인 명성을 얻었다고 말한다. 당시 만 28세였다. 전국 순회공연 때 부산에 처음 왔는데 시민회관 공연에서 많은 환대를 받았다고. 부산시립무용단 안무장 제의가 와 83년 4월 삶의 터전을 부산으로 옮겼다.

"당시 사귀던 남편이 부산사람이었던 게 또 하나의 결정적 이유였죠. 남편은 서양화가였는데 3년 뒤 부산으로 따라 내려와 대학강의 등을 하면서 광복동에서 대안공간 성격의 사인화랑을 운영했습니다. 초창기 제가 작품 안무를 할 때면 무대장치와 온갖 뒷바라지를 다해 줬어요. 하지제 공연 전인 81년 이대 앞 '시나위'란 커피숍에서 작품설명회를 하던 중 운명처럼 만났습니다."

그 남편 정진윤 화가는 비판적 역사의식을 갖고 부산 미술계에서 곧고 바른 소리를 냈다고 한다. 부산청년비엔날레 운영위원장 등 궂은일을 도맡으며 지역 신진작가 발굴에 힘을 쏟았다고. 정 화가는 2007년 지병으로 먼저 세상을 떠났다. "한 번씩 그이가 보고 싶을 땐 결혼 전 그려준 승무 그림을 봐요." 평생 자신의 든든한 버팀목이었다고 최 교수는 회고한다.

"경성대에선 84년 2학기부터 강의를 했어요. 85년부터 시립무용단 안무장을 그만두고 전임교수가 됐지요. 당시 부산엔 문화 욕구가 분출되던 시기였어요. 동아대·부산대·신라대 등 무용과가 봇물처럼 생기고 현장 작업도 왕성하게 할 때였습니다. 부산 첫 민간춤패 배김새는 이런 분위기 속에서 경성대 무용과 졸업생을 주축으로 85년 창단됐지요."

최은희

최 교수는 배김새는 경상도의 '배김사위'에 따온 말로 무용가들이 지역에 뿌리를 내리라는 뜻이었다고. 배김새를 통해 수많은 제자들을 키워냈다. 현재 춤꾼으로 활발하게 활동하는 하연화 배김새 대표. 정미숙 배김새 예술감독, 신은주 신은주무용단 대표, 김종덕 천안시립무용단 안무자 등이 여기 출신이다. 다른 장르와의 만남도 활발히 했다고 강조한다. 새로운 시도는 최 교수 춤의 특징이 된다. 최근엔 3D애니메이션을 배경으로 〈목숨오름〉이란 작품도 올렸다. 헬리캠 드론으로 촬영한 사진과 작업하기도 한다.

"춤은 어릴 때부터 추기 시작했어요. 부모님이 춤추며 재롱떠는 것을 좋아하셨지요. 초등학교 때 학교 무용반에 들어갔어요. 그러다 어머니가 갑자기 돌아가셔서 중단했는데 마음에 남아 있었나 봐요. 고등학교 때 무용 선생님이 권해서 다시 시작했습니다. 그때 결심했어요. 평생 춤을 안 놓치겠다고요. 뭔가 몰입할 수 있는 게 당시엔 필요했던가 봐요."

최 교수는 어머니의 부재가 굿이나 무속에 더 관심을 갖게 된 계기가 됐다고 설명한다. 평생 삶과 죽음에 대한 물음과 생명과 자연에 대한 탐색을 해 왔다고. 최근 〈시린 샘〉〈어디로 가고 있습니까〉부터 〈어머니의 강〉〈천둥소리〉〈네 개의 바다〉〈하얀 배〉〈춤바다 춤굿〉〈물맞이〉〈어두운 날들의 바람은 그치고〉〈매듭풀이〉〈제웅맞이〉 등 그동안 안무한 50여 작품 제목만 봐도 느낄 수 있다. 최 교수는 자신의 춤을 '추상계열'이라고 말한다. 흰색을 좋아하는 것은 여백이 있는 색으로 많은 것을 수용하기 때문이라고 설명한다.

"꿈을 많이 좋아했어요. 꿈속에서 작품을 많이 구상했지요. 직접적인 것은 너무 아프기 때문에 아픔을 추상화시켜 표현합니다. 말로 표현할 수 없기 때문에 춤을 추는 거지요. 궁극적으로는 사람들이 제 춤을 보고 맺힌 것을 풀고 활력을 얻을 수 있었으면 좋겠어요. 막 떠오르는 아이디어가 구체적인 작품으로 만들어지는 과정에서 희열을 느낍니다."

최 교수는 요즘엔 대학 무용학과도 구조조정 여파로 축소 내지는 폐과가 되는 현실이 안타깝다고 말한다. 취업률이 가장 큰 평가 기준인데 많은 인재들이 부산을 떠나는 현실이 우려스럽다고. "순간적인 느낌을 가장 중요시한다"며 아이디어가 고갈 안 되도록 항상 탐색하고 사니 무엇을 하든 자유롭지 못한 게 업보라고 밝힌다.

"40년 가까이 거의 창작춤만 췄어요. 부산 창작춤의 기반을 닦고 활성화시켜 뿌듯해요. 88년부터 시작한 부산여름무용축제를 2010년까지 23년간 계속한 것도 큰 보람이었죠. 제 춤이 아름답고 화려하지는 않지만, 내면의 아픔을 제의형식을 빌려 무대화, 현대화하는 작업은 계속될 거예요."

/

최은희 1955년 인천 출생. 78년 창작춤 동인 창무회 창단공연 멤버. 80~82년 한국정신문화연구원 근무. 82년 8월 개인 첫 발표회 〈하지제〉, 10월 〈넋들임〉 대한민국무용제 대상. 83년 부산시립무용단 안무장. 85년 경성대 무용과 전임교수, 춤패 배김새 창단. 94년 중요무형문화재 27호 승무 이수자 지정. 2000년 울산시립무용단 초대 안무장. 2009~2012년 부산무용협회장. 2013년 부산시 문화상 수상.

최은희

©강원태

1960년대 말 다니던 대학을 그만두고 재수하던 시절, 우연히 창경궁에 놀러가 탈춤을 보게 됐는데 전율이 일어날 정도로 강렬한 인상을 받았습니다.

탈춤·마당극의 대부

채희완

민족미학연구소장

/

　"1960년대 말 다니던 대학을 그만두고 재수하던 시절, 우연히 창경궁에 놀러가 탈춤을 보게 됐는데 전율이 일어날 정도로 강렬한 인상을 받았습니다. 요즘말로 필이 꽂힌 거죠. 대학에 들어가면 저걸 반드시 해 봐야겠다고 다짐했지요. 대학 1학년 때 탈춤반을 만들어 본격적으로 배우기 시작했는데 그게 벌써 40여 년 전 이야기네요."

　1970년대 대학가 문화운동 1세대이자 '탈춤·마당극 대부'로 불리는 채희완 민족미학연구소장. 서울대 미학과 70학번인 채 소장은 85년 부산대 무용과 교수로 부임해 지난 2013년 정년퇴임할 때까지 국내 진보적 문화예술 운동의 리더로 활동해 왔다. 부산진구 영광도서 건너편 민족미학연구소에서 채 소장을 만났다.

　"1988년 지리산에서 시작해 2007년까지 아홉 번 거행했던 민족통일대동장승굿을 올해 광복 70주년을 맞아 밀양에서 열기로 했는데 유보된 것이 제일 아쉽습니다. 물론 2015년 8월 제12회 정신대 해원상생대동한마당을 부산 시민·사회·예술단체가 주축이 돼 자

　　　　　　　　　　　　　　　　　　　　　　　　　　　　채희완

갈치 친수공간에서 성공적으로 마무리해 위안으로 삼고 있지요."

채 소장은 "정신대해원한마당은 93년 첫 공연 이후 2년 간격으로 지역에서 꾸준히 치렀는데 여러 장르가 옴니버스식으로 담긴 종합 선물세트 같은 굿판"이라고 전한다. 올해는 강은교 시인의 시낭송을 시작으로 동해안 별신굿과 오구굿 의식, 춤패 배김새, 김매자와 창무회, 강미리 무용단, 극단 자갈치 마당극 공연 등으로 꾸며졌다.

"요즘 마당극·탈춤 등이 상당히 위축되어 있습니다. 효용성이 많이 떨어졌지요. 일단 요청하는 데가 많이 줄었습니다. 억압적인 사회일 때는 언로의 한 형태로도 기능했지만 그런 시절은 지난 것 같습니다. 또 열린 공간에서 했기 때문에 애시당초 입장료를 받기 어려웠고 그러다 보니 확대재생산의 토대 마련에 한계가 있었던 것 같습니다."

채 소장은 "마당판에 종사하는 사람들이 먹고살 수 없으니까 유사 종목으로 많이 이탈하는 악순환도 이어졌다"고 지적한다. 특히 마당극이 민중생활연극이지만 그동안 많은 부분 지식인 사회에서 쓰여졌는데 90년대 이후 그런 소비층의 의식이 와해된 것도 컸다고 덧붙인다. 활성화 방안은 없을까.

"최근 한류붐을 주목하고 있습니다. 특히 노래와 춤 등 대중문화 분야에서 이룬 성과는 놀라운 것이지요. 그 에너지의 원천이 무엇인지 탐색해 보는 것도 의미가 있을 것입니다. 많은 사람들은 한국인의 신명이 세계인의 공감을 얻어낸 것이라고 분석합니다. 침체된 마당극 등 우리 전통문화를 되살리는 데 돌파구가 될 수도 있을 겁니다.”

채 소장은 “우리춤에 깔려 있는 원초적 리듬감에 관심을 기울일 필요가 있다”며 2박자와 3박자로 이루어진 혼합박과 엇박이 우리 가락에는 많은데 사람을 들뜨게 하고 신명나게 하는 요소라고 강조한다. 브레이크 댄스나 힙합 동작과도 유사한 어깨춤, 허리·엉덩이춤도 많다고 설명한다.

“혼합박과 엇박의 대표적인 사례가 2002년 월드컵 당시 인기를 끌었던 ‘대~한민국 짝짝짝 짝짝’ 응원 박수입니다. ‘대한민국’ 박수의 경우 3박자와 2박자가 혼합돼 충돌해서 일으키는 파격이 힘이라고 봅니다. 우리 가락은 흔히 장단이 안 맞아야 맞아떨어지는 것 같은 느낌, 똑똑 맞아떨어지면 지리멸렬해지고 심심해진다는 생각에 일부러 중간중간 엇박을 많이 사용했지요.”

채 소장은 “탈춤 속에 있는 어깨춤도 마찬가지”라며 브레이크 댄스의 어깨춤이 2박자로만 분절되는 춤이라면 우리 어깨춤은 맺고 풀어주는, 엇박과 혼합박이 결합된 강렬한 에너지를 갖고 있다고 설명한다. 브레이크 댄스에 전통 어깨춤의 요소를 응용한다면 더 신명날 것이라고 덧붙인다. 마당극은 언제부터 하게 됐을까.

“70년대 초 탈춤반을 통해 봉산탈춤이나 양주별산대놀이 보유자에게 춤과 음악, 연기를 배웠지요. 그러다 보니 연극반 등 다른 동아리에서 활동하던 많은 친구들이 참여하게 됐고 자연스럽게 어울리게 됐습니다. 김민기(노래)·이애주(춤)·임진택(판소리)·이종구(작곡)·이상우(연출)·김성만(연출)·김영동(음악) 등이 다 그때

채희완

만난 동반자들입니다."

채 소장은 73년 미학과 선배였던 김지하 시인을 만나 마당극의 원조 격인 농촌계몽극 〈진오귀〉 공연에 참여했고 이듬해인 74년 연극·탈춤반이 함께 본격적으로 새로운 형식의 춤과 노래를 하겠다는 선언을 했는데 그것이 마당극의 시작이었다고 설명한다.

"이종구의 졸업발표작 〈음악극 소리굿〉과 이애주 첫 춤 발표회 〈땅끝〉 공연이 출발이었습니다. 공연 팸플릿 등을 통해 예술지향적, 현실도피적, 사대부적인 예술을 탈피하고 민족 현실과 더불어 하는 새로운 민족예술을 하겠다고 공식 발표했지요."

채 소장은 연극사적으로 보면 원시적인 굿이 무대극으로 발전했었는데 무대극을 다시 마당으로 끌어내린 셈이라고 설명한다. 〈음악극 소리굿〉에 이애주·임진택·김민기와 함께 출연했다.

"굿은 신명을 불러일으키며 공동체 의식을 강화시키는 데 적합한 양식이라고 보았습니다. 마당도 일터와 생활공간이란 의미 외에 확장하면 상황이나 국면, 현재 처지를 뜻하지요. 생활 현장의 문제를 다루는 총체적 연맹물을 마당극 또는 마당굿이라고 규정했지요."

채 소장은 80년 청주사범대 무용과 교수를 거쳐 85년 부산으로 왔다. "'영남은 춤, 호남은 소리'라고 보통 말하는데 춤의 본고장에 와서 살아 보고 싶은 마음이 컸다"고 전한다. 잠시 공백이 있었지만 부산에 와서도 '일상 삶의 마당극화'는 쉬지 않았다. 87년 극단 자갈치에 마당극을 함께하자고 제안, 그해 형제복지원 문제를 다룬 마당극 〈복지에서 성지로〉를 올렸다.

"자갈치와는 그 이후 낙동강 철거민 이야기를 다룬 〈철새공동체〉를 비롯, 〈주먹밥 주먹손〉 〈민주꽃신바람〉 등 수많은 마당극을 함께 작업했습니다. 지난 9월에는 형제복지원 특별법 제정을 촉구하는 〈복지에서 성지로2〉를 재차 공연하기도 했지요."

채 소장은 93년 민족미학연구소를 결성했다. 미학과가 없던 부산대에 미학과를 만들고 싶은 마음이 담긴 외부 학술연구단체였다. 2005년 생긴 예술문화영상학과로 결실을 맺었다. 사실상 미학과 과정이란다. 그에게 미학이란 무엇일까.

"교과서대로 말한다면 '인간의 미적 삶과 연관된 철학적 경험과 학적 접근'이라고 할 수 있지요. '아름다운 예술 속에서 사는 것보다 아름다운 사회에서 사는 것이 먼저다'라는 미학 명제를 항상 가슴에 새기고 있습니다. 생활 속의 춤, 이 땅의 고민을 함께하는 마당극을 어떻게 대학이나 청년 문화에 다시 부활시키느냐가 앞으로의 과제가 될 것입니다."

/

채희완   1948년 서울 출생. 70년 서울대 미학과 입학. 73년 김지하 시인 연출 〈진오귀〉 참여. 78년 김민기 노래굿 〈공장의 불빛〉 안무·연출. 85년 부산대 무용과 교수. 87년 자갈치 〈복지에서 성지로〉 연출. 88년 제1회 지리산 민족통일대동장승굿. 93년 민족미학연구소 창립. 94년 동학 100주년 고부봉기역사맞이굿. 2015년 8월 광복 70주년 제12회 정신대해원상생대동한마당. 현 부산대 명예교수.

채희완

©김병집

천 개의 꽃은
천 개의 표정을 갖고 있습니다.

花, 나비를 부르다

황수로

궁중채화장

/

 "천 개의 꽃은 천 개의 표정을 갖고 있습니다. 자연에서 보는 꽃
은 같은 빨간색이라도 색깔이 조금씩 차이가 나고 모양도 다르지
요. 조선시대 궁중채화(綵花 · 비단꽃)도 장인이 하나하나 오랜 기
간 수작업으로 만든 것이라 표정이 제각각입니다. 대량으로 찍어낸
조화와 가장 큰 차이점이지요."

 2015년 4월부터 3개월간 부산 남구 문현동 부산은행 본점 아트
갤러리에서 궁중채화 전시회 〈花, 나비를 부르다〉전을 개최한 황
수로 궁중채화장. 동부산CC 회장이자 동국대 석좌교수이기도 한
황 장인을 만났다. 황 장인은 2013년 국가 중요무형문화재 124호
궁중채화 기능보유자로 지정됐다. 조선 왕조는 생명존중과 왕권의
영원불멸을 위해 궁궐에서 생화 사용을 금했다고 한다. 그래서 비
단 · 모시 등으로 만든 가화(假花)로 연회장을 화려하게 꾸몄다고.

 "조선시대 궁중채화는 19세기 이후 맥이 끊긴 상태였지요. 1960
년대 초 도쿄대 교수였던 남편 따라 일본 유학 갔다가 꽃꽂이와 다
도를 접했습니다. 어느 날 학원 선생이 꽃꽂이는 일본만의 전통문

황수로

화라고 자랑하는 거예요. 어릴 때 집에 있던 민화병풍에서 꽃 장식을 본 적이 있고 할머니와 꽃꽂이를 한 적도 있어서 한국에도 꽃꽂이 문화가 있다고 반박해도 믿지를 않았어요. 그때 한국 돌아가면 전통 꽃꽂이에 대해 연구해 봐야겠다고 다짐했지요."

황 장인은 65년 중구 대청동서 수로예술학원을 설립, 본격 민화 꽃꽂이 연구에 나섰다. 제자도 키우면서 자신은 생화나 대나무를 모티브로 한 대형 설치 미술가의 길을 걸었다고. 그러다가 70년대 말 작품 공개 시연 도중 한 스님이 "생명이 있는 꽃을 꺾어 작품을 만드는 것은 불교 정신으로 볼 때 일종의 살생으로, 용납이 안 된다"는 말을 듣고 큰 깨침을 얻었다고 한다. 그날 이후 20년간 황 장인은 설치 미술가 활동을 하면서 틈틈이 꽃을 살리는 길, 즉 채화를 복원하는 길을 동시에 추구했다고 말한다.

"외가에는 궁에서 가져온 어사화(御賜花)가 몇 점 있었어요. 고종이 궁내부 주사였던 외조부에게 하사하신 거였죠. 그 어사화 몇 점을 단초로 궁중채화를 복원해야겠다고 마음먹었지요. 그런데 박물관 등 어디를 찾아봐도 조선시대 채화 작품이 남아 있지 않은 거예요. 근원과 고증을 찾기 위해 옛 문헌을 닥치는 대로 보면서 공부하기 시작했습니다."

이화여대 수학과를 나온 황 장인은 80년대 중반 뒤늦게 동아대 사학과 대학원에 입학, 석·박사 과정을 밟기 시작했다. 당시 사학과 내에 '고려사 번역' 연구실이 있었는데 거기 들어가 조선왕조실록과 조선왕조의궤를 샅샅이 뒤져 관련 자료를 찾아냈다고. 어릴 때부터 할아버지와 동네 유학자에게 한자를 배우며 자랐던 황 장인은 한문 실력이 남달랐다고 한다.

"궁중 잔치를 기록한 의궤를 보면 임금님 어좌 뒤에는 항상 왕조의 상징인 일월오봉도(日月五峯圖)가 걸려 있고 좌우로 홍벽도준화(紅碧桃樽花) 1쌍과 꽃으로 꾸민 무대인 지당판(池塘板) 등이 자세하게 그려져 있었지요. 문헌에는 준화 · 지당판 크기, 만드는 과정, 꽃 종류, 개수, 비용 등도 세세히 기록돼 있었습니다. 그걸 교과서 삼아 시행착오를 거쳐 가며 20년간 제자들과 함께 복원 작업을 했지요."

황 장인은 2004년 10월 서울 덕수궁 세계 박물관대회 특별기획전서 〈조선왕조 궁중채화전〉이라는 첫 전시회를 열어 큰 반향을 일으켰다고. 당시 이 전시회를 본 유홍준 문화재청장이 감명을 받아 궁중채화의 전승을 위해 무형문화재 지정 신청을 하라고 제의했다고 전한다.

"무형문화재 지정을 받는 것이 쉽지는 않았습니다. 실무자들이 이게 조선시대 채화라는 증거를 제시하라고 해서 관련 자료를 모으고 정리하기 시작했지요. 그게 또 10년 걸렸습니다. 그동안 2005년 APEC 특별기획전, 2007년 유엔본부 한국공예대전 화준(花樽) 출품, 2009년 국립중앙박물관 100주년 기념 채화 초대전, 2013년 밀라노 한국공예대전 출품 등 각종 대형 전시회를 갖고 한국 채화의 아름다움을 세계에 선보였지요."

황 장인은 특히 유엔본부 전시회가 가장 기억에 남는다고. 반기문 총장 취임 축하 전시회였는데 한국 궁궐문화의 진수를 보여 줬다는

황수로

외신 기사와 함께 유엔 방문객들이 사진을 찍기 위해 몰려들었다고.
1개월간 거주하며 작업을 했는데 피곤한 줄조차 몰랐다고 한다.

"채화는 색과 광, 모양과 향, 네 가지 공정이 잘 맞아야 좋은 작품
이 됩니다. 가장 중요한 것은 색이지요. 자연에서 얻은 천연염색 재
료를 사용하기 때문에 시간과 정성이 많이 들어갑니다. 미묘한 농
도의 차이로 인해 각기 다른 꽃으로 태어나지요. 3년 이상 발효한
통밀풀로 다듬이질하면 비로소 광이 납니다. 인두로 모양을 만듭
니다. 꽃잎이 핀 정도에 따라 각기 다른 표정으로 만드는 거지요.
마지막으로 밀랍을 묻혀 잎사귀와 꽃 등을 코팅해 향기를 덧붙이
면 하나의 채화가 완성됩니다."

황 장인은 1송이를 만드는 데 대략 1년 정도 걸린다고 한다. 꽃이
필 때를 기다려 염색을 하고 천연 주름을 만들기 위해 비단실로 묶
고 또 기다리는 과정을 반복해야 하기 때문이라고 설명한다. 3m짜
리 준화 하나에 2만 송이의 꽃이 들어간다고. '꽃은 우연히 피지 않
는다'는 황 장인의 말이 자연의 꽃만을 뜻하는 말이 아니라는 걸 깨
닫게 해 준다. 황 장인의 요즘 제일 관심사는 '궁중채화 전수관', 일
명 꽃 박물관 공사다.

"이달 초 동부산CC 입구 4천여 제곱미터 부지에 전시관과 교
육·체험 시설, 조선시대 정원 등을 갖춘 전수관 공사를 시작했습
니다. 전시관은 궁궐을 재현할 예정이며 다른 건물은 양식과 한식
을 조화시켜 조성할 것입니다. 내년 4~5월께면 일반인들도 궁중
채화를 체험할 수 있을 것입니다."

황 장인은 이젠 복원도 중요하지만 그동안 만든 작품을 잘 보관

하는 것이 필요한 시점이라고 강조한다. 황 장인은 골프장 경영에
도 적극 참여한다고. 특히 작고한 부친이 '기업은 이익을 남기면 사
회공헌을 해야 한다'며 대부분의 재산을 일맥문화재단에 기부했듯
이 자신의 재산도 수로문화재단에 기증했다고.

"이번 전시회의 주제가 '궁중채화의 법고창신(法古創新)'입니다.
앞으로는 전통을 기본으로 해서 현대인이 공유할 수 있는 예술로
재창조하는 작업에 집중할 것입니다. 아파트 거실 벽에도 장식할
수 있는 소규모 작품도 많이 만들어 누구나 즐길 수 있도록 할 계
획입니다."

황 장인은 "세계인들은 한국적인 것을 보여 주면 항상 찬사를 보
낸다"며 젊은이들도 우리 것을 먼저 알고 세계 무대에 진출하면 진
정한 글로벌 문화의 주역이 될 것이라고 조언한다. 황 장인은 향파
이주홍 선생이 '수로'라는 아호를 삼국유사 헌화가에서 따 지어 주
었으며 대학 졸업 직후 신문사에서 1년간 기자로 근무한 적도 있다
고 귀띔한다.

/

황수로　1936년 부산 출생. 이화여대 수학과 졸업. 60년 일본 유학. 65년 부산 대청동
　　　　서 수로예술학원 설립. 80년대 중반 동아대 사학과 대학원 입학, 석·박사 학
　　　　위. 95년 국립 과천현대미술관 대나무 모티브 야외설치전. 2004년 덕수궁 세
　　　　계박물관대회 특별기획전서 첫 궁중채화 전시회. 2011년 제36회 대한민국전
　　　　승공예대전 국무총리상. 2013년 국가 중요무형문화재 궁중채화 기능 보유자
　　　　선정. 현 동부산CC 회장, 동국대 석좌교수, 수로문화재단 이사장.

©김병집

당시엔 광주의 비극에 미국이 일정 부분 책임이
있다는 사실을 알리는 데 초점을 두었습니다.

뜨거웠던 반미운동의 효시

문부식

격월간 『말과활』 기획주간

/

"거의 33년 만에 처음으로 이곳을 찾아온 것 같네요. 사람들은 저를 이 건물과 쉽게 결부시켜 떠올리지만 제가 여기까지 오는 데는 시간이 필요했던 것 같습니다. 이곳은 저나 동료들의 인생이 바뀐 곳이고 그날 희생자가 있었던 탓에 다시 마주하기 주저했던 것이지요. 언젠가 소설가 최인훈 선생께서 너무 종교적인 자책 속에 머물러 있는 것 아니냐고 하셨지만, 거리를 두는 것이 생각처럼 쉽지 않았습니다."

1982년 3월 18일 부산 미국문화원 방화사건(부미방) 주동자 문부식(격월간『말과활』기획주간) 씨를 부산 중구 대청동 미문화원(현 부산근대역사관) 인근에서 만났다. 부미방은 당시 부산 지역 대학생들이 80년 광주항쟁의 진상을 알리고 미국 측의 방조·묵인에 대한 책임을 추궁한 사건이다. 자수한 고신대생 문 주간·김은숙 씨를 비롯, 15명이 검거됐다. 올해(2015년)는 부미방 33주년, 광주민주화운동 35주년이다. 당초 3월 초 만나기로 했지만 여러 사정으로 연기됐다. 문 주간은 이날 지인이 준비하는 인문카페 공간을 둘러볼 겸 부산에 왔다.

"그날따라 바람이 많이 불었어요. 경고 수준에서의 상징적인 방화가 목적이었는데 휘발유 화력이 너무 셌던 것 같습니다. 당시 미문화원 건너편 건물에 올라가 사진을 찍었지요. 정권이 사건을 덮을까 봐 증거로 남기려 했던 것입니다. 은폐할 경우 유인물과 함께 외신 등에 넘겨야겠다고 생각했던 거지요."

문 주간은 그 시대는 그만큼 절박했다고 설명한다. "부미방 이전, 80년 12월 광주 미문화원 방화사건이 있었는데 관련자를 수배하고 검거하려 했으면서도 사건 자체는 단순 실화로 매듭지어 버렸던 적이 있었다"며 그 전철을 밟지 않기 위해 그 나름대로 준비를 면밀히 했다고 말한다. 인근 유나백화점과 국도극장 두 곳에서 방화 이유를 적시한 유인물을 뿌리며 시민들에게 적극적으로 알렸다. 결과적으로 사상자가 생기는 바람에 사건이 생각보다 커져 버렸다고.

"당시엔 광주의 비극에 미국이 일정 부분 책임이 있다는 사실을 알리는 데 초점을 두었습니다. 동시에 그저 맹목적으로 미국을 우방으로만 생각하는 우리 사회에 각성을 촉구하고 인식 변화를 바랐던 목적도 있었지요. 아무튼 긴 시간을 거치면서 미국의 실체를 조금씩 알게 되는 계기가 되었다는 데서 의미를 찾을 수 있겠지요."

이런 이유로 부미방은 80년대 뜨거웠던 반미운동의 효시가 됐다. 문 주간은 "81년 말부터 미국에 대한 문제의식을 갖게 된 것 같다"고 밝힌다. 광주 이전과 광주 이후가 같을 수 없다는 인식과 함께 당시 부산에서도 부림사건 등으로 많은 대학생들이 검거되던 시기여서 더욱더 그 상황을 돌파하고 싶었다고 말한다.

"78년 고신대서 유인물을 뿌리다 강제휴학을 당했고 80년에 복학했습니다. 부마항쟁을 거치면서 학내 분위기가 확 바뀌어 있었지요. 그런데 광주 이후 상황이 캄캄하니까 다른 학교 학생들과 만나 타개책을 모색하게 됐고 부산대·부산여대(현 신라대) 학생들과 공부모임을 만들게 됐습니다. 특히 광주에 대한 부채감이 컸는데 광주 관련 수배자 김현장 씨와의 만남이 중요한 역할을 했습니다."

문 주간은 당시 초량YMCA에서 야학 교사로 활동했다. 한 선배가 김현장 씨를 소개해 줘 자신의 자취방에서 한동안 함께 지냈다고 한다. 르포작가였던 김현장 씨를 통해 광주의 진상을 알게 되고 실패로 끝난 광주 미문화원 방화사건을 듣게 됐다고. 이를 인연으로 김현장 씨와 원주에서 한 차례 공부모임을 하기도 했는데 당시 지학순 주교가 있는 원주는 민주화 운동의 성지였다고 한다.

"대구교도소에 있을 때 김수환 추기경께서 예고 없이 면회를 오신 적이 있었습니다. 저와 김은숙 씨에게 은신처를 제공해 줬다는 혐의로 원주교육원장 최기식 신부까지 구속돼 가톨릭 측이 상당히 화가 나 있던 상태였지요. 변호사 한 분이 그러더군요. 가톨릭과 연계된 것이 사형을 당하지 않게 된 결정적이 이유가 아니겠느냐고요. 광주로부터 2년도 채 되지 않은 그 시절엔 마음만 먹으면 집행할 수도 있었겠지요."

문 주간은 "처음 1, 2심에서는 사형 선고를 받아도 실감이 나지 않았다"고. 그런데 대법에서 확정 판결을 받으니까 비로소 두려움이 엄습하더라고 말한다. "아, 죽을 수도 있겠구나" 하는 실감이 왔단다. 서울서는 이돈명·황인철·홍성우 변호사, 부산서는 노무현

문부식

전 대통령과 김광일·이흥록 변호사가 변론을 맡았다.

"신학 공부를 선택하게 된 것은 불화가 끊이지 않는 집안 분위기 때문이었을 겁니다. 다툼이 많았지요. 육사 8기인 아버지를 포함, 아버지 형제 네 분이 육사 출신인 환경과 그다지 친숙하지 못했던 것 같습니다. 고등학교에 진학할 무렵 우연히 교회에 간 뒤 안정감을 찾게 되었지요. 교회 공동체의 다정함과 기독교적 메시지가 주는 울림이 컸습니다. 막상 신학대학에 진학해서는 실망의 연속이었지요."

문 주간은 요즘은 2013년 7월부터 홍세화(『나는 빠리의 택시 운전사』 저자) 씨와 함께 시작한 학습공동체 '가장자리' 협동조합(서울시 마포구 합정동) 일과 인문사회 비평지인 『말과활』(격월간 잡지) 내는 일을 하고 있다. 97년 계간지 『당대비평』을 창간한 이후 두 번째 출판 관련 일이다. 출판 동네 안에서 사람을 만나고 새로운 기획을 하는 게 적성에 맞는 것 같단다.

"2002년 동의대 사건 관련 조선일보 인터뷰 등으로 변절했다는 소리를 많이 들었습니다. 10년 동안 긴 침묵의 시간을 보냈지요. 활자의 세계로부터 떠나 몸으로 살아가는 방법을 배워 보자 해서 목공일 등 여러 가지를 해 보기도 했습니다. 결국 다시 출판과 잡지 일로 되돌아오니 몸에 맞는 옷을 걸친 것처럼 자연스러운 느낌입니다."

문 주간은 신자유주의적 야만의 구조에서 개별화·황폐화된 삶을 살아가는 개개인들이 존재에 대한 불안감으로 공동체에 대한 관심과 더불어 학습에 대한 욕구가 커지고 있는 것 같다고 진단한다. 가장자리 협동조합의 현재 조합원은 2년 사이 500명을 넘었다고. 가장자리는 점과 점으로 남아 있는 개인과 개인을 이어주는 선이자 새로운 생각의 주체들이 생겨나는 장소라고 설명한다. 가능하다면 서울뿐 아니라 다른 곳에도 생겨날 수 있도록 지역 출판사나 인문 공간 등과 연계, 활성화시켜 볼 계획이라고 덧붙인다.

"이제는 부미방이란 과거의 사건에서 자유로워지고 싶은 심정입니다. 현재적 해석을 기다리는 사건으로 남겨둔 채 말이지요. 민주화 이후 우리는 한편에선 말의 범람을, 다른 한편에선 말의 지독한 빈곤을 경험하고 있습니다. 말이 공허해지지 않으려면 함께 공부하고 함께 삶의 공동성을 발견해가는 길밖에 없지요. 중심이 아닌 가장자리에서, 삶의 최전선인 이곳에 머물며 '말의 가능성'을 탐색하는 작업을 계속 이어가는 것이 앞으로 제 삶의 과제일 것입니다."

/

문부식 1959년 부산 출생. 77년 고신대 신학과 입학. 79년 강제 휴학. 80년 고신대 3년 복학. 82년 3월 18일 오후 2시 부산 미문화원 방화사건. 82년 4월 1일 도피 14일 만에 자수. 83년 3월 대법원 사형 확정. 88년 12월 석방. 93년 첫시집 『꽃들』출간. 97년 계간지 『당대비평』 창간. 2002·2003년 조선일보 인터뷰 등 파장. 2011년 12월 진보신당 대변인. 2013년 7월 격월간 『말과활』 창간.

문부식

©김병집

세상에 대한 이해의 폭이 넓어지고
세대 간의 갈등을 줄여 줍니다. 함께 책읽기가
주는 긍정적인 영향일 겁니다.

독서회 만드는 선생님

서창호

온천초등학교 교사

/

　"2002년 가을, 대신초등 시절 우연히 학부모·교사들이 함께 독서회를 시작했습니다. 당시 책읽기 관련 초청특강을 개최했는데 참석자 40여 명이 만장일치로 서양고전읽기 모임을 만들자고 결정했지요. 주 1회 모였는데 재미있었어요. 아이들과도 한번 해 보자 싶었죠. 2008년부터 가는 학교마다 교내·외 독서회를 만들었습니다. 보수동 책방골목도 가고 독서릴레이도 진행하고 책방 주인 특강도 하고 아이들이 흥미로워했지요."

　2015년 3월 온천초등으로 부임한 서창호 교사의 독서회 이야기는 끝이 없었다. 15년 남짓 그가 이끈 독서회나 독서교실은 수십 개가 될 듯하다. 서 교사는 1990년 부산교대를 졸업하자마자 사상초등에서 교사 생활을 시작했다. 서 교사를 동래구 온천동 학교 도서관에서 만났다. 그런데 부임한 지 두 달밖에 안 됐는데 벌써 독서회 구성을 마쳤단다. 게다가 학부모 독서모임까지.

　"사실 제가 여기 오기 전엔 대신·부민·동신·보수초등 등 주로 서구·중구 쪽 학교에서 근무했습니다. 무엇을 하나 해 보려고 해도 거기서는 금방 만들어지지 않았어요. 그런데 이 학교에선 학부모들의 참여가 남다르다는 것을 매일 실감하고 있습니다. 교사인 제가 '뭘 좀 해 주세요' 하면 금방 반응이 와서 다 해 주시는 거예요. 낚시로 따지면, 던지면 월척이 낚이는 기분입니다."

6학년 담임으로 배정된 서 교사는 오자마자 도서관 담당 업무도 맡았다. 사실 처음엔 암담했다고 한다. 일단 전문 인력이 없었고 1만 9천여 권의 책은 분류가 돼 있지 않아 책을 찾는 것이 거의 불가능했다고. 가정통신문으로 도서관 자원봉사 학부모를 모집했는데 무려 40여 명이 지원해 깜짝 놀랐단다. 한국십진분류법에 의거, 그 많은 도서를 정리했는데 2주 만에 끝냈다.

"학부모들의 열정에 독서회도 새로운 방식으로 진행하기로 마음먹었습니다. 학부모 3~4명씩 한 팀이 되어 각 클럽을 책임지고, 저는 관리만 하기로요. 일단 4개 독서회를 만들었습니다. 천자문클럽(1~3학년, 마법천자문 한자 읽히기), why클럽(3~4학년, 과학학습만화 읽기), 역사클럽(4~6학년, 한국사 읽기), 문학클럽(5~6학년, 1930년대 한국단편 읽기)이 그것이지요. 학부모들도 독서 지도, 탐방지 선정 등 모든 것을 주도적으로 하니 보람을 느끼는 것 같아요."

학생들은 클럽당 10~40여 명이 가입돼 있다. 모두 100명이 넘는다. 역사클럽의 경우는 일정 분량을 읽으면 현장답사도 한다. 7월 말께 복천박물관을 시작으로 김해·동아대·부산박물관 방문을 계획하고 있다. 월 1회 정기모임을 갖는다. 서 교사는 "어머니 독서회도 하기로 했다"며 현재 20여 명이 신청했는데 올해는 박완서 작품을 완독하는 것을 목표로 했다고 밝힌다.

"학생 대상 독서회는 2008년 동신초등 재직 때 처음 했습니다. '고감도(苦感跳) 독서교실'이라고 이름 붙였어요. 아이들에게 재미있는 책은 쉬운 책이지요. 그런데 쉬운 책만 읽으려고 하니 사고력이 깊어지지 않는 것 같았죠. 그래서 '독서는 좀 괴로운 거다. 힘들여서 읽어야 하고 읽다 보면 느낌이, 감동이 온다. 어느 순간 돌아보면 도약해 있을 거다'라는 뜻으로 고감도라고 했습니다."

서 교사는 당시 고전읽기를 주로 했다. 호메로스의 『일리아스』나 『오딧세이아』를 읽었다. 3~6학년 대상이었는데 700쪽 되는 원전 번역서였다. 처음엔 벅차했지만 5~10일 동안 집중적으로 읽다 보면 '다 읽었다'는 성취감과 함께 두꺼운 책에 대한 자신감이 생겨났다고 설명한다. 방학 때는 시민·부전도서관 등 부산 지역 도서관을 순례하며 고감도 독서교실을 별도로 운영했다. 다른 학교 초·중학생들도 많이 참여했다.

"2011년에 보수동 책방문화관에서 독서교실을 운영했을 때 반향이 컸습니다. 방학 때 격주로 토요일 세 시간씩 1년 4개월 운영했는데 아이들은 물론 어머니들도 많이 참여했지요. 40~50명이 모여 사마천의 『사기』를 읽었지요. 오전엔 책방 주인들이 순번을 정해 강의도 해 주고 미로 같은 책방순례도 같이 다녔습니다. 오후엔 한 번씩 변호사·교수·기업체 사장 등을 초청, 특강도 들었지요."

서 교사는 이벤트성 행사도 많이 개최했다고 전한다. '백권수첩'도 그중의 하나. 책만 읽다 보면 흥미를 잃을 수 있어 책 100권을

47   서창호

다 읽으면 상품을 주는 것으로, 학교 주변 미장원·꽃집·문구점 등과 미리 교섭, 선물과 함께 응원 좀 해달라고 부탁해 아이들이 신나게 책을 읽었던 적도 있었다고. 당시 아이들에게 꽃집이 가장 인기가 많았는데 수첩을 갖고 가면 원하는 화분과 함께 50대 사장이 "훌륭하다, 큰 인물 될 거다"는 칭찬을 가게 나갈 때까지 해 줘 아이들이 정말 좋아했었다고 회고한다.

보수동 주민센터와 함께한 '독서릴레이'도 인기가 많았다. 주민·아이·학부모 등 4명이 한 팀이 돼 책을 돌려 읽었는데 공동책인 '원북원부산도서'까지 하면 한 번에 5권을 읽었다고. 매년 팀을 바꿔 3년간 진행했다. 책은 주민센터에서 사줬다. 열심히 읽은 회원에겐 상품권도 지급했다. 학교서 진행한 책거리 행사도 의미 있었다고 전한다. 책 1한 권 다 읽으면 아이들이 100~1천 원씩 내 1년 동안 모은 뒤 연말에 배추 150포기 김장을 담가 지역 독거노인에게 전달하는 행사였다.

"보수초등에서는 지난해 6학년을 위주로 '고감도 독서교실 진로탐색' 활동을 정말 즐겁게 했습니다. 매주 금요일 오후 3~5시 보수동 책방골목을 누비며 아이들은 제가 내준 미션을 수행했지요. 봄에 관한 책을 찾아라, 책방 주인 인터뷰를 해라, 오는 손님에게 물어보아라 등 다양한 문제를 내줬습니다. 마무리 발표도 책방골목 계단에 앉아 진행했지요. 1년 동안 무려 27번을 했더군요."

서 교사는 "아이들이 책 고르는 안목이 생기고 막연했던 자신의 진로를 구체적으로 발표할 때 큰 보람을 느꼈다"고 말한다. 어린이날, 아이들에게 아무 책이나 하나씩 골라 가라며 책 선물한 책방도 있어 고마웠다고. 독서 모임의 경우 세대통합형, 직업통합형, 남녀 조합형 등 여러 가지가 있는데 세대통합형이 가장 효과적인 것 같다고 말한다.

"가족 독서회를 여는 가정에 한 번씩 방문합니다. 두 가정이 모여 격주마다 개최하는데 초·중학생과 대학생, 그리고 부모가 참석합니다. 5분씩 발표하고 5분 정리하는데 부모는 아이들의 관점을 이해하게 되고 아이들은 부모나 대학생 형의 이야기를 통해 새로운 것을 보게 되지요. 세상에 대한 이해의 폭이 넓어지고 세대 간의 갈등을 줄여 줍니다. 함께 책읽기가 주는 긍정적인 영향일 겁니다."

서 교사는 정약용 선생의 말처럼 좋은 글귀가 있으면 따로 베껴 써 보는 것도 바른 책읽기에 도움이 될 거라고 말한다. 공책에 하나하나 적다 보면 깊은 뜻을 되새기게 되고 자기 책이 된다고. 공책(空冊·비어 있는 책)이 책이 되는 순간 우리의 삶도 풍성해질 거라는 설명이다. 서 교사는 그 공책이 자기 집에는 30여 권 된다고 덧붙인다.

/

서창호 1967년 강원도 태백 출생. 1990년 부산교대 졸업. 2002년 대신초등 시절 학부모·교사 독서모임 '파이데이아' 시작. 2008년 동신초등 때부터 학생 대상 고감도 독서교실 운영. 2011년 보수동 책방문화원 독서교실. 2012년 보수동 주민센터 후원 독서릴레이. 2014년 보수초등 '고감도 독서교실 진로탐색' 활동. 2009~2014 원북원부산도서 실무추진단. 2005년 ㈔한국독서문화재단 운영위원장.

서창호

©강원태

느리고 게으른 사람은 경쟁에서 뒤처지는 세상이
되었어요. 하지만 모든 창의적인 것의 밑천은
게으름이 아닐까요.

2015 원북원부산도서 선정 작가

최영철

시 인

/

　"옛날 시계는 시침이 제일 길었다고 합니다. 요즘은 분침·초침이 더 길지요. 시(時) 단위로 가던 시간이 이젠 분·초 단위로 갑니다. 느리고 게으른 사람은 경쟁에서 뒤처지는 세상이 되었어요. 하지만 모든 창의적인 것의 밑천은 게으름이 아닐까요. 잠시 대열에서 이탈하는 것, 한눈파는 것, 주변으로 눈을 돌리는 것이 나은 삶을 위해 필요할 겁니다."

　최영철 시인은 느리다. 교통사고 후유증 때문이다. 2014년에 발간한 제10시집 『금정산을 보냈다』(산지니)가 2015 원북원부산도서로 선정되는 바람에 올해는 좀 바쁘다. 공공도서관 주최 독서토론회 등 오라는 데가 많다. 김해 도요마을에서 한 달에 두세 번 도시로 건너온다. 시간이 느리게 간다는 수영 사적공원 내 푸조나무 앞에서 최 시인을 만났다.

　"요즘 문학은 인간보다 먼저 가려고 합니다. 물론 예언자적 문학이 필요한 시대도 있겠지만 지금은 문학이 한 발짝 뒤에 가면서 인간들이 망가뜨리고 부숴 놓은 것, 잘못 틀어 놓은 것을 하나하나

짚어 가는 게 필요하지요. 80년대는 세상일에 너무 간섭해 문제였다면 지금은 너무 말을 안 한다는 게 문제인 거죠."

최 시인은 "목표를 향해 전후좌우를 무시하고 달려가는 사람이 있으면 그것이 정당한 것인지 끊임없이 '고춧가루'를 뿌려 주는 것이 문학"인데 이젠 그런 말을 해도 듣는 사람이 없으니까 말하는 사람이 되레 뻘쭘해지는 게 요즘 세태라고 강조한다. "문학의 장악력이 떨어졌고 재미있는 장르가 너무 많아진 것도 한 원인"이라고 분석한다.

"시를 쓰는 사람은 일종의 꿈을 꾸는 사람이지요. 이 사회는 이제 실현 불가능한 꿈을 꾸는 사람을 인정하지 않는 사회가 됐습니다. 낙오자가 되고 현실감각이 없는 사람이 되는 거지요. 그래도 시인은 꿈을 이야기해야 합니다. 꿈꾸는 사람이 윤활유 역할을 해야 사회가 건강하게 돌아가지요."

최 시인은 2011년부터 김해 도요마을로 들어와 산다. 이윤택 씨가 제의한 도요출판사를 거점으로 문화운동도 병행한다. 문학 무크지도 1년에 두 번씩 내고 '도요축제'도 4회째다. 심심해서 시작한 '맛있는 책읽기'는 벌써 60회를 넘겼다.

"사람들이 평화로운 동네로 들어가서 시는 더 어두워지고 공격적으로 변했다고 합니다. 사실 도시에서 살 때는 잘 몰랐는데 여기서 보니 인간성 파괴와 우발적 범죄, 억압 구조 등 도시가 처해 있는 위기가 더 잘 보이더라고요. 지속가능한 사회를 장담할 수 없다 보니 경고 메시지가 시에 많이 들어갔던 것 같습니다."

최 시인은 요즘 토론회가 한창인 '예술인 복지법'에 대해서도 할 말이 많다. 시혜를 베푸는 차원에서 접근하면 안 된다고 강조한다. 예술인을 당당한 사회의 동력으로 보길 원한다. 최근 무명의 연극·영화인이 원룸에서 쓸쓸히 생을 마감하는 현실이 안타깝다고 한다.

"사람들은 그들이 굶어 죽었다고 생각하는데 사실 배가 고파서 죽은 것은 아닐 겁니다. 정 배고프면 무료급식소를 찾아가면 되지요. 그들은 자존심이 상해 죽은 겁니다. 인정을 못 받아 죽은 거지요. 아무리 해도 자신의 말을 듣지 않으니까 스스로 문을 닫은 거지요. 꿈꾸는 자가 없는 사회, 삭막하지 않을까요."

최 시인은 '변방의 시인'으로 불린다. 주저함, 게으름, 느림이 자신의 트레이드 마크다. 86년 한국일보 신춘문예로 화려하게 등단했지만 그는 항상 변두리의 삶에 시선을 뒀다. 세상에 나온 모든 것은 쓸모가 있다는 것, 그의 삶의 지향점이다.

"경남 창녕에서 태어나 3세 때 부산으로 왔습니다. 부모님이 큰집 더부살이를 했는데 무작정 도시로 온 거지요. 범일동 산동네에 방 반 칸을 얻어 살았습니다. 베니어판으로 나눠 주인이 세 놓은 거였어요. 중간에 구멍을 내 백열등 하나를 같이 썼습니다. 방 한 칸을 얻어 나온 곳은 매축지 마을이었지요. 좁디좁은 골목이 제 유년의 기억 속에 있습니다."

초등 3학년 때 부암동으로 이사 갔다. 연지·양정동 등 하야리아 부대 주변이 40대 중반 이전까지 산 곳(88년 2년간 서울살이를 했

최영철

다)이다. 부산진중 다닐 때 부대 정문으로 가면 건너편 학교까지 금방 갈 텐데 왜 빙 돌아가야 할까 의문이 많이 들었다고 한다. 시는 그 시절부터 썼다.

"중2 때 혼자 가출한 적이 있었어요. 이유는 없었죠. 부모님이나 친구와 갈등이 있었던 것도 아니었습니다. 그냥 허무했던 것 같습니다. 완행열차를 타고 서울로 가 2박 3일간 돌아다니다가 미군 지프에 치였습니다. 대퇴부가 조각나 가슴까지 전신 깁스하고 10개월을 변두리 병원에서 보냈지요. 할 일이 없어 책을 읽었습니다. 읽다가 이것저것 끄적거렸지요. 시가 되고 수필이 됐습니다."

최 시인은 당시 『학원』 『진학』 『여학생』 등 학생잡지 독자문예란에 투고를 많이 했다. 팬레터도 많이 받았다며 웃는다. 최 시인은 두 번 크게 다쳤다. "15세 때 교통사고는 제 인생의 방향을 결정했고 40대 초반에 머리를 다친 것은 경거망동하지 말고 삶을 더 진지하게 살라는 의미였지요." 회복기 노래로 채워진 시집 『일광욕하는 가구』는 2000년 문학과지성사에서 냈지만 창비의 백석문학상을 수상하는 진기록도 세웠다.

최 시인은 "시란 한달음에 쭉 나오는 것"이라고 밝힌다. 40대까지는 그랬는데 이젠 한 줄 쓰고 놔두었다가 머리 굴리고 또 고치고 그러니까 마음에 안 차는 시가 많다고 고백한다. 시와 시 아닌 것의 차이는 뭘까.

"시의 언술과 일상적인 언술은 다릅니다. 일상적인 언술은 근거와 타당성이 있고 설득이 가능한 것이라면 시의 언술은 근거가 부족하고 비논리적입니다. 대신 느낌과 감동이 있지요. 결국 감동이 있으면 시요, 설득만 있으면 일상적인 언술이라고 할 수 있습니다."

최 시인은 "시를 잘게 해부해 속속들이 이야기해 주는 것이 좋은 방식은 아니다"며 느낌이 좋은 시를 찾아 읽으면 된다고 조언한다. 이와 함께 최 시인은 고령화 시대를 맞아 앞으로 노년문학에 관심을 기울일 것이라고 말한다. 도요마을서도 노년을 위한 연극과 문학을 특화시키는 작업을 해 보고 싶단다.

"노년이 되면 눈도 잘 안 보이고 귀도 잘 안 들리게 되지요. 저도 시력이 안 좋은데 녹내장까지 와 점점 시야가 좁아지고 있습니다. 이성을 관장하는 왼쪽 머리를 다쳐 눈물은 많아지고 기억력은 점점 떨어지고 있지요. 대충 듣고 대충 보라는 것으로 받아들이려고 합니다. 돈 들여 고치면 되레 고통이 될 수도 있습니다. 자연에 순응해서 사는 삶이 진정한 행복일 거라 믿습니다."

/

최영철   1956년 경남 창녕 출생. 58년 부산 범일동 산동네 이주. 70년 중학교 시절 가출 뒤 교통사고. 84년 무크지『지평』통해 작품 활동 시작. 86년 한국일보 신춘문예「연장론」당선. 97년 퇴근길 머리 다쳐 한나절 동안 뇌수술 받다. 2000년『일광욕하는 가구』(문학과지성사) 제2회 백석문학상. 2010년『찔러 본다』(문지) 제10회 최계락문학상. 2011년 김해 도요마을 이주, 제6회 이형 기문학상. 2015년 제10시집『금정산을 보냈다』(산지니) 2015년 원북원부산도서 선정

최영철

©정종회

전체 출판시장 매출의 95%를 서울 지역이
차지하는 현실에서 지역 출판사가 살아남는다는
건 결코 쉽지 않습니다.

지역출판의 가능성을 보여주다

강수걸

산 지 니 출 판 사 대 표

/

"전체 출판시장 매출의 95%를 서울 지역이 차지하는 현실에서 지역 출판사가 살아남는다는 건 결코 쉽지 않습니다. 다른 분야보다 출판시장의 서울 집중화는 너무 심하지요. 책을 만들어 전국 서점에 유통·판매하기가 어려운 구조입니다. 지역에서 10년 동안 1년에 20권 이상의 도서를 꾸준히 냈다는 점을 평가해 큰 상을 준 것 같습니다."

최근 제35회 한국출판학회상 2015년 경영·영업 부문 대상을 받은 도서출판 산지니 강수걸 대표를 부산 연제구 법원남로 15평 남짓한 출판사 사무실에서 만났다. 강 대표는 지역 출판사로는 첫 수상이라 의미가 있다며 활짝 웃는다. 역대 경영·영업 수상 출판사는 김영사, 교보문고, 문학과지성사, 사계절, 창작과비평사 등 서울 메이저 출판사가 대부분이었다고 귀띔한다.

산지니는 2005년 2월 설립됐다, 올해 10돌이다. 인문사회과학도서를 많이 냈으나 이후 문학·학술도서로 분야를 넓혔다. 대한출판문화협회가 이달 초 발표한 '2014 출판 통계'에 따르면 지난해 1권이라도 낸 출판사는 2천895곳이다. 20종 이상 낸 출판사는 535곳으로 20%도 채 안 된다. 산지니는 지난해 50종의 책을 출판했다. 10년간 낸 책은 280종이다. 대단한 성과다. 경영과 영업을 어떻게 했기에 전국적인 지명도를 얻는 출판사가 됐을까.

"지역 출판시장이 열악하다는 건 이미 알고 있었지요. 기존 지역 출판사는 영업에만 집중하고 물류에는 관심이 적었습니다. 산지니는 애당초 전국 유통망을 확보하겠다는 각오로 시작했지요. 2006년부터 파주 출판단지 내 물류창고를 이용했습니다. 물론 초기 비용이 많이 들었지요. 대신 서울을 비롯, 전국 어디서 주문을 하든 배달할 수 있는 체계가 만들어졌습니다."

강 대표는 파주 물류창고 외에 부산 온천장에도 물류창고를 확보, 지역 유통은 이곳에서 담당하게 했다. 전국 유통과 부산 유통을 이원화한 셈이다. 인쇄도 파주와 부산 두 군데서 했다. 강 대표는 파주 출판단지에는 창비·문학동네·열린책들 등 서울 지역 대형 출판사도 이전할 정도로 인쇄부터 제본·출력까지 최신 시설이 한곳에 몰려 있어 국내 출판산업에 긍정적인 역할을 담당하고 있다고 전한다.

"물론 꾸준히 살아남으려면 좋은 책을 만드는 게 결국 관건이었죠. 신생 출판사인 데다 지명도 있는 필자를 구하기 어려웠습니다. 그래서 초기엔 번역서로 돌파구를 찾았습니다. 부산과 가까운 중국에 집중했지요. 지역 출판사가 관심 안 두는 데 착안한 겁니다. 특히 당시 중국정부의 번역료 지원제도를 적절히 활용했는데 큰 도움이 됐습니다."

강 대표는 초창기 『부채의 운치』『차의 향기』『요리의 향연』 등 중국 문화 번역서로 인지도를 넓히다가 2007년 『무중풍경』이란 중국영화 번역서가 히트 치면서 전국적인 명성을 얻게 됐다고. 이 책은 영화진흥위원회 학술도서 · 대한민국학술원 우수도서로 선정되기도 했다. 아울러 불교 기반이 강한 부산의 특성을 살려 인도를 소개하는 책도 많이 출판했다. 결국 인구도 많고 경제적으로도 뜨는 중국과 인도를 선택한 게 주효했다. 중국 · 인도 관련 책만 해도 30종이 넘는다.

"특히 부산이 영화의 도시인 점을 감안, 중국영화를 한 · 중 · 일 3국에서 다양하게 분석한 책을 완결시켜 자부심을 느낍니다. 앞서 말한, 중국 본토 연구자가 쓴 『무중풍경』에 이어 한국 연구자의 '상하이 영화'(2010 · 2012년) 관련 3권, 일본에서 중국 연구자가 쓴 『중국영화의 열광적 황금기』(2015년)가 그것입니다. 국내 출판사 어디에서도 시도하지 않은 기획이지요."

강 대표는 부산 작가가 쓴 책 중에는 『부산을 맛보다』와 『부산언론사 연구』가 기억에 남는다고. 특히 지역 맛집을 소개한 『부산을 맛보다』는 지역 관련 책 중에 가장 많이 팔렸고 일본에까지 수출돼 산지니로선 의미가 깊다고 설명한다. 지난해 새로 시작한 산지니시인선도 강 대표가 공을 들이고 있는 기획이다. 최영철 시인의 『금정산을 보냈다』가 1호 시집이다. 다른 시인선과의 차별화를 고심하다 해설 대신 대담을 싣고 시인의 사인을 책 표지에 은은하게 넣었는데 반응이 괜찮았다.

강 대표는 "'야생의 오래된 매'라는 산지니의 뜻처럼 지역에서 오래 살아남는 출판사가 되는 것이 목표"라고 말하고 금융위기가 온 2008년 면학도서 · 청하서림 등이 부도로 폐업하면서 어려움을 겪

강수걸

었지만 역설적으로 그해부터 흑자경영이 시작됐다고 강조한다. 설립 3년여 만에 이룬 성과다.

"개정 도서정가제가 2014년 11월 시행되면서 지역 서점도 조금씩 살아나고 있습니다. 서점이 무너지면 출판산업 자체가 붕괴될 우려가 크지요. 그동안 반값 할인 등 이벤트를 열던 인터넷 서점은 다소 어려움이 있겠지만 전체적으로 볼 땐 도서정가제가 연착륙하고 있는 것 같아 다행이죠."

산지니는 교보·영풍·서울문고 등 전국 20여 곳의 대형서점과 직거래를 하고 있다. 최근 충청지역 대형서점이 새로운 거래 요청을 해오는 등 분위기가 좋아지고 있다고. 인터넷 서점을 포함한 직거래 매출이 전체의 60~70%를 차지한다. 나머지는 총판·현매 방식이다.

"요즘 출판 시장은 '다품종 소량생산' 추세입니다. 책 판매는 둔화되고 소비자들의 기호는 다양해지면서 나타난 현상이지요. 신간을 계속 만들어야 하는데 출판사의 이익과는 충돌하는 지점입니다. 도서산업은 이익률은 낮고 원가 회수가 아주 긴 산업입니다. 소위 인풋, 즉 초기 비용은 대량으로 들어가는데 아웃풋, 회수는 최대 5년가량 걸리는 구조지요. 초기 1~2년을 잘 견뎌야 망하지 않습니다."

강 대표는 부산대 86학번으로 법학과를 나왔다. 곧바로 대기업 법무팀서 10년간 근무했다. 고교 시절 요산 김정한의 『낙동강의 파수꾼』이라는 책을 가장 감명 깊게 읽었는데 그의 비판정신이 좋았단다. 대학 때 불교학생회 활동을 하면서 사회과학도서를 많이 접한 게 결국 출판사를 하게 된 밑거름이 됐다고. 강 대표는 "아이디어가 책으로 나오는 과정이 너무나 즐겁고 성취감도 크다"며 이 시대의 지적 재산을 후대에 전달하는 데 일조한다는 보람도 크다고 강조한다.

"조갑상 장편소설 『밤의 눈』이 저에겐 가장 의미 있는 책입니다. 국민보도연맹 유족들의 삶을 다룬 책인데 2013년 만해문학상을 수상했습니다. 산지니의 위상을 높인 책이죠. 앞으로도 현대사의 아픔을 형상화하는 작품에 지원을 아끼지 않을 것입니다. 사실 그동안 1만 부 이상 팔린 책이 없었어요. 좋은 책을 많이 만들어 지역민의 사랑을 듬뿍 받을 때 1만 부의 한계를 뛰어넘는 것도 가능하리라 기대합니다."

/

강수걸   1967년 진주출생. 93년 부산대 법학과 졸업. 한국중공업 입사. 2005년 2월 도서출판 산지니 창립. 2008년부터 흑자경영. 2013년 출판 조갑상 장편소설 『밤의 눈』 만해문학상 수상. 2015년 한국출판학회상 경영 및 영업부문 대상.

강수걸

©김병집

책을 구입하면 머리말은 꼭 읽었지요.

뭔지 알아야 팔 수 있으니까요.

보수동 책방골목 1세대 서점

김여만

학 우 서 림   대표

/

　도심 속 추억을 간직한 공간, 떠나는 서점도 있지만 새로 문 여는 서점도 있다. 켜켜이 쌓인 헌책 사이로 새 책방도 눈에 띈다. 고서점도 있고 카페도 있다. 어느 시인은 시집이나 역사서, 화집 등 전문서점도 있으면 좋겠다 했는데, 그런 서점도 생기고 있다. 보수동 책방골목 이야기다. 옛것과 새것이 잘 어울리길 사람들은 소망한다. 많았을 땐 70개가 넘었다는 책방이 이젠 50곳이 채 안 된다.

　"책을 구입하면 머리말은 꼭 읽었지요. 뭔지 알아야 팔 수 있으니까요. 젊었을 때는 하루에 평균 50~60권 읽었습니다. 많은 것을 깨치게 된 계기가 됐습니다. 야간학교 다니면서 배우는 것보다 구입한 책을 통해 더 많이 배웠지요. 살면서 어려웠을 때 피가 되고 살이 됐습니다. 책 속에 길이 다 있더군요."

　김여만 학우서림 대표는 책방골목 1세대다. 학우서림은 보수동에서 가장 오래된 서점이다. 1953년 박스상자 서너 개 갖다 놓고 노점으로 시작했으니 올해로 62년째다. 대청사거리 쪽 책방골목 입구 지금의 서점 바로 앞이었다. 당시에는 지금 모습으로 도로를 확장

하기 전으로 2차로까지 건물이 쭉 있었다고 한다. 60~70년대 도시 계획으로 건물들이 깎여 지금의 골목 모습이 됐다고 전한다.

"맨처음 이곳에서 책 장사를 한 사람은 이북에서 피란 왔던 손정린(작고) 씨였습니다. 피란민들 주거지인 보수동 산동네에 판잣집을 지어 생활했지요. 생계를 위해 가지고 왔던 옷이나 책 등 잡동사니를 일명 '도떼기시장'에 내놨는데 책이 제일 잘 팔렸던 모양이에요. 당시에 이곳으로 학생들이 많이 지나다녔거든요. 책 장사를 해야겠다고 시작하고 이곳에 터를 잡은 게 시초였습니다."

김 대표는 "지금 중구청 쪽 복병산에 당시 피란학교가 세 곳 있었고 대신동에도 학교가 많았다"며 여기 골목길이 학생들 통학로 역할을 했다고 설명한다. 돈도 없던 시절이라 교과서나 참고서, 문학서적 등 학생들에게 필요한 헌책은 진열과 동시에 팔려 나갔다고 한다.

"특히 책방골목이 전국에 알려진 계기는 현재 광일초등학교 자리에 있었던 육군병원 덕분이었습니다. 전쟁 중 부상자는 이곳으로 후송됐고 각지에서 부모형제들이 면회를 왔지요. 시간이 나면 '도떼기시장' 이곳저곳을 구경하다 책이 산더미처럼 쌓여 있는 이곳을 보고 책 구경도 하고 사기도 하면서 입소문이 난 겁니다. 보수동에 가면 못 구하는 책이 없다고요."

김 대표는 10대 후반 경북 의성에서 공부도 할 겸 먹고살기 위해 친척이 있는 부산으로 왔다가 책 장사를 시작했다고 밝힌다. 저녁에는 야간학교에 가고 낮에는 헌책을 팔아 끼니를 해결했다. 처음엔 노점이 6~7곳에 불과했는데 몇 년 안 돼 20~30곳으로 늘었다고 한다.

"영어 잡지 등 외국 서적이 쏟아져 들어와 더 인기가 있었습니다. 미군 등 연합군은 수시로 세관 쪽 부두로 입항했는데 전선에 투입되기 전 배에서 읽은 책은 대부분 버렸지요. 그걸 전문적으로 모아서 오는 수집상이 많았습니다. 저에게도 김 씨라는 사람이 단골로 오랫동안 공급해 줬지요. 피란 온 예술인이나 지식인들 사이에서 인기가 많았습니다. 희귀본은 즉각즉각 팔려 나가면서 책방골목은 더 유명해졌지요."

김 대표는 초창기 밑천이 없어서 고민할 때 큰 기회가 한번 왔었다고 전한다. 수집상이 책과 종이 쪼가리를 수레 한가득 싣고 와 흥정을 하기에 몽땅 8만 원을 주고 구입했는데 20배 넘게 이문을 남긴 적이 있었다고. 아마 한의사를 오래 한 분이 돌아가시자 유품을 고물로 처분한 것 같았다고 설명한다.

"처음에는 무슨 책인 줄 몰랐는데 한 중년 신사가 와서 보더니 한의서라고 하는 거예요. 동의보감과 침술 책 등 여러가지가 있었지요. 그 신사에게 6권을 팔았는데 금방 본전을 뽑은 겁니다. 더 중요한 것은 무수한 종이 쪼가리가 알고 보니 처방전이었어요. 책보다 더 돈을 많이 받고 팔았지요. 다 합해서 한 100만 원 훨씬 넘게 벌었을 겁니다."

김 대표는 그 돈을 종잣돈 삼아 책방골목 주인으로는 처음으로 50년대 말부터 전국을 돌아다니면서 필요한 책을 사 와 되파는 판

김여만

매 방식을 취했다고 밝힌다.

"보통 헌책을 사러 오면 한꺼번에 구입할 수 없는 경우가 많지요. 단골들이 필요한 책을 주문하면 그걸 모아 놓았다가 한 번씩 밤열차 타고 서울 청계천이나 대구시청 부근 헌책방골목에 가서 구해 왔습니다. 그때는 젊고 의욕이 넘쳤지요. 원하는 책을 손에 넣고 좋아서 폴짝폴짝 뛰는 단골을 보면 너무 신났습니다. 요즘은 보기 힘든 모습이지요."

김 대표는 주로 민법총칙 등 법률책, 기계 관련 서적, 문학도서 등을 많이 구해 줬다고. "그때는 책을 사려는 사람이 파는 사람보다 훨씬 많았다"고 전한다. 지금 책방 위치로는 언제 이전했는지 물었다.

"대청로 확장공사를 마치고 책방골목도 어느 정도 정비를 한 70년대 말이었을 겁니다. 이곳 입구 서점 여덟 곳은 주인이 같습니다. 임차한 지 40년 가까이 됐지요. 가게 주인도 피란민이어서 사정을 잘 알아요. 10년 주기로 조금씩 올렸는데 점포세 때문에 얼굴 붉힌 적은 한 번도 없었습니다. 우리가 행운아인 셈이지요. 거의 내 집처럼 사용했습니다. 감사할 뿐입니다."

김 대표는 나이도 들고 활동력도 떨어지던 차에 IMF가 오자 헌책방을 새 책방으로 바꿨다며 아쉬움을 토로한다. 더 이상 전국을 돌며 책 수집하는 것이 어려워지더라는 것. 이젠 참고서 위주로 장사하며 막내아들이 하루의 절반을 담당한다. 언제 보람을 느낄까.

"책을 안 사도 단골들이 책방에 와서 책을 뒤적이는 것 자체가 즐거웠습니다. 책 살 돈이 없던 한 동아대 학생이 가장 기억에 남습니다. 아침마다 출근하듯 와서 책을 보다가 점심 먹고 와서 저녁 6시까지 보고 갔는데 밉지 않았어요. 또 단골 중 타 지방에 살다가 한 번씩 찾아와 '아직도 책방 하십니까' 하며 추억을 이야기할 때 행복합니다."

김 대표는 책방골목 축제를 매년 개최하고 문화관·어린이도서관이 생기는 최근 변화를 긍정적으로 바라본다. "책방골목이 복합 문화공간으로 발전한다면 좋은 일"이란다. 특히 예전에 책장사 한다고 하찮게 보던 친구들이 정년 없는 직업에 이젠 모두 부러워한다고 자랑한다.

"나는 책 덕에 잘 살았습니다. 문 열면 하루가 금방 갑니다. 많이 벌어야지 하는 욕심만 줄이면 정말 편안하고 행복한 직업입니다. 스트레스를 받을 일이 없지요. 책방은 순수합니다. 책 사러 오는 사람도 90%는 착한 사람이에요. 이야기 하다 보면 배울 점이 많이 있습니다. 스승이 따로 없어요. 책 사러 온 사람이 스승입니다. 고맙게 생각하며 평생을 살았습니다. 후회는 없습니다."

/

김여만 1934년 경북 의성 출생. 53년 보수동 대청사거리에서 상자 3~4개 놓고 노점 시작. 몇 개월 뒤 현재 책방 앞 병원 건물 담벼락에 3~4평짜리 판잣집 책방 지어서 학우서점이란 간판 달고 운영. 60~70년대 대청로 확장공사로 병원 허물자 인근에서 3~4년 떠돌이 장사. 70년대 후반 10평 남짓 현 건물 임차. 1997년 IMF 이후 참고서 위주 새 책방으로 전환, 그때부터 막내아들 오후 근무.

김여만

©정대현

학기 중에는 주말이나 연휴 때 주로 찍고요,
보통은 방학 때 한꺼번에 몰아서
찍어 드리고 있습니다.

영정사진 촬영으로 행복을 전하다

박희진

동주대 교수, 사진작가

/

'한 청년이 카메라를 메고 언덕을 올라 갑니다. 행복을 주는 사람, 노래가 나옵니다. 어르신들은 영정사진을 찍을 준비를 합니다. 모자를 다시 씌워 주고 옷 매무새를 고쳐 드립니다. "아~ 좋아요, 김~치 하세요." 이 세상에서 가장 따뜻한 미소, 애쓰셨습니다, 고생 많으셨습니다.'

지역 방송사에서 지난 3개월간 내보냈던 공익광고 '행복을 주는 사람'의 두 번째 주인공, 박희진 동주대 사회복지과 교수를 부산 사하구 연구실에서 만났다. 아직 청년의 얼굴이 남아 있다. 박 교수는 형편이 어려운 어르신들 영정사진을 20년간 무료로 찍어 드렸다. 그동안 찍은 어르신이 2만 명이 넘는다. 2~3년 전부터는 경남·전남 지역에서도 신청을 해 와 한 번씩 시외로 출장 촬영도 하러 간다.

"학기 중에는 주말이나 연휴 때 주로 찍고요, 보통은 방학 때 한꺼번에 몰아서 찍어 드리고 있습니다. 지난 겨울방학에는 진해 용원 웅천 마을회관에 두 차례 가서 100여 분 찍었습니다. 인근의 사하사랑채노인복지관, 범천동 안창마을 산딸기경로당에도 갔지요. 조금 멀리는 전남 구례 마을회관서 60여 분 찍어 드린 적도 있습니다."

박 교수는 내달 4일에는 김해 상동초등교로 갈 예정이다. 물론 기준이 있다. 70세 이상으로 기초생활보호 대상자이거나 독거노인이라야 찍어 드린다. 1년에 보통 1천여 명씩 찍는다고. 사진관에서 영정사진을 찍으면 적어도 5만 원 이상은 줘야 한다. 경제사정이 넉넉지 않은 어르신들에게는 만만치 않은 돈이다.

"영정사진 자원 봉사는 지난 1996년 3월 말부터 시작했습니다. 제가 동주대(당시는 동주여전) 교수로 임용된 해지요. 3월 첫 월급을 받고 무작정 복지관으로 갔습니다. 다대포 몰운대복지관에서 첫 촬영을 했지요. 두 번째는 장림2동사무소 회의실에서 찍었죠. 처음에는 진짜 공짜냐, 약 팔려고 하는 거 아니냐 등 의심도 많이 받았습니다."

박 교수는 제작비가 많이 들지는 않는다고 한다. 자신은 액자 구입과 사진 인화를 원가로 하기 때문이다. 1년에 한 500만 원 나간다고. 그는 별거 아니라고 하지만 사진 찍고 인화하고 액자에 넣어 보내는 것이 간단한 일은 아니다. 일일이 손이 가야 하는데 학교 제자들이 도와주기 때문에 괜찮단다. 영정사진 찍기 봉사는 왜 하게 됐을까.

"1991년 고향인 경북 군위에 계시던 친할머니가 불의의 교통사고로 돌아가셨습니다. 귀가 어두워 후진하던 덤프트럭 소리를 못 들었던 거지요. 장례를 치르는데 영정사진이 없어 쩔쩔맸습니다. 형편이 좋지 않았거든요. 근데 그때 제 대학 전공이 사진학과였어요. 명색이 손자가 사진을 전공했으면서도 평소에 한 번 찍어 드리지 못했다는 게 가슴에 맺혔습니다."

박 교수는 그때 나중에 직장을 잡고 돈을 벌면 불우한 어르신들 영정사진을 찍어 드리겠다고 결심했다고 한다. 5년 뒤 교수가 되자 실행에 옮겼다. 물론 이렇게 오래 할 줄은 몰랐다고 한다. 기억에 남는 분이 있는지 물었다.

"2013년 여름방학 때 기장에서 430여 분을 찍었는데 일광 근처 경로당에서 찍으신 혼자 사시는 할머니가 3일 뒤 사망해 충격이 컸습니다. 사진 찍고 액자에 넣어 완성하는 데 보통 10~15일 걸리는데 갑자기 심장마비로 돌아가신 거예요. 주인 없는 사진을 포장해서 전해 받을 후손도 없는 장례식장으로 보냈습니다."

박 교수는 사진을 찍다 보면 6·25 등에서 무공훈장을 받은 어르신은 어떤 일이 있어도 그 훈장을 꼭 가슴에 달고 찍고 싶어 한다고 전한다. 말을 잘 못하는 한 치매 할아버지는 모자를 벗고 찍자고 해도 국가유공자 모자는 절대 안 벗겠다고 고개를 절래절래 흔들어 가슴이 아팠다고. 그에게 국가유공자 모자는 자기 목숨 같은 거라고, 그거 하나로 인생을 버티며 살아왔다는 설명이다.

"영화같이 슬픈 장면도 있었어요. 사하구 장애인복지관에서 사진을 찍는데 80대 후반 할머니가 60대 된 딸을 휠체어에 태우고 와서는 딸을 찍어 달라는 거예요. 딸은 정신지체 장애인이었어요. 자신이 죽기 전 딸의 영정사진을 찍어 달라는 어머니, 그 심정이 어땠을까요."

박희진

박 교수는 "대부분 힘들 게 사신 분들이라 웃으시라고 해도 생각보다 잘 웃지를 못하는 경우가 많다"고 설명한다. 웃는 사진은 10개 중 1~2개에 불과하다고. 박 교수는 재산도, 자식도, 배운 것도 없고 아무 것도 남길 게 없는 어르신들이 "사진 한 장 예쁘게 남기고 싶어 왔다"고 말할 땐 먹먹하단다. 박 교수는 20년 전 사진학과 교수로 임용된 뒤 지난해 사회복지과 교수가 됐다. 특이한 케이스다.

"제 인생도 좀 파란만장합니다. 대학 땐 다큐 사진이 전공이었죠. 4학년 때인 90년 상반기 서울 서초구 그린벨트 지역에서 지체장애인 30여 명이 비닐하우스를 짓고 살았는데 6개월간 같이 생활한 적이 있었습니다. 그들의 아픈 삶을 사진에 담았지요. 그해 가을 〈거울 속의 사람들〉이란 제목으로 개인전을 열었습니다. 반향이 컸어요. 12월 일본 사진 잡지에도 소개됐지요."

박 교수는 중앙대 사진학과 85학번이다. 국내 첫 장애인복지관인 정립회관서 86년부터 봉사활동도 했다. 어렴풋이 사진을 통해 이 세상을 바꾸겠다는 마음을 가졌다고 한다. 중앙대에서 사진학 석사학위를 딴 뒤 동주대 교수 시절 부산대에서 미학 박사학위를 취득했다.

"사진학과 교수로 봉사하며 만족한 삶을 살고 있었지만 사회복지를 배워 보고 싶다는 마음은 항상 있었지요. 2002년 제가 있는 동주대 사회복지과 야간반에 들어가려고 했으나 학교 측이 난감해해서 그만뒀지요. 그러다 2008년부터 학점은행제를 통해 결국 사회복지 학사학위를 취득했습니다. 2012년엔 경성대 사회복지학 박사과정에 입학, 지난해 수료하고 논문 제출만 남았지요."

동주대 사진학과는 대학 구조조정의 일환으로 지난해 폐과됐다. 박 교수는 자연스레 사회복지과 교수로 자리를 옮겼다. 다큐를 찍는 것과 영정사진을 찍는 것은 사람을 찍는다는 점에서는 다르지 않다고 말한다.

"사회복지 수업에 들어가면 제가 학생을 가르치는 게 아니라 학생들로부터 배우고 깨닫는 부분이 더 많아요. 학생들은 19~70세로 다양합니다. 야간반에는 절반 이상이 만학도지요. 가난으로 젊었을 때 공부를 접어야 했던 사람이 대다수예요. 공부에 한이 맺혀 있어요. 야간 고등학교 거쳐 이제 대학에 온 거예요. 자녀들 학교 다닐 때 부모 학력 쓰는 난이 대부분 가장 부끄러웠다고 하더라고요. 돋보기 끼고 수업 받지만 너무나 행복하고 살아 있음을 느낀대요."

박 교수는 "먹고살기 위해 사진을 배웠지만 영정사진으로 재능을 사회에 되돌려 줄 수 있어 정말 행복하다"며 "학생들이 자랑할 수 있는 교수, 부끄럽지 않은 교수가 되도록 노력하겠다"고 활짝 웃는다.

/

박희진 1964년 경북 군위 출생. 85년 중앙대 사진학과 입학, 석사학위 취득. 96년 3월 동주여전 사진학과 교수 임용. 2006년 부산대 미학 박사학위. 2012년 2월 학점은행 사회복지 학사학위. 2014년 경성대 사회복지과 박사과정 수료. 2014년 사회복지학 교수 겸직. 2003년 부산시 자랑스러운 시민상 봉사상. 2014년 사하구청장상 자원봉사상. 사진전 경력 개인전 10회, 그룹전 80회, 사진 관련 도서 7권 출간.

박희진

©강원태

도시물을 그리는 것을 좋아 했어요.
도시 하면 차갑고 규격화된 이미지와 함께
다양한 스토리가 떠오르잖아요.

네이버 월요웹툰 〈딥〉

김태헌

부 산 만 화 가 연 대   대표

/

"서울 자본을 지방으로 가져올 수 있는 유일한 콘텐츠가 웹툰입니다. 생산부터 공정 일체를 부산에서 혼자 할 수 있으니까요. 콘텐츠 질만 높다면 작업 장소는 전혀 문제가 안 되는 산업입니다."

동서대 센텀캠퍼스 12층 임시 작업공간에서 만난 웹툰 작가 김태헌 부산만화가연대 대표. 지난해(2014년) 웹툰 기반의 드라마 〈미생〉이 히트치면서 웹툰산업에 대한 사회적 관심과 기대가 커지고 있어서 그런지 표정이 밝았다.

"웹툰은 원석입니다. 소위 말하는 '원 소스 멀티 유즈(OSMU)'지요. 웹툰 하나 뜨면 영화·드라마 제작은 물론 게임·캐릭터 상품까지 관련 상품이 줄줄이 뜹니다. 파급 효과가 엄청나지요. 네이버 등 포털업체도 이걸 노리고 인기 웹툰 작가에 대한 지원을 강화하고 있습니다."

김 대표는 웹툰은 적은 비용으로 독자들의 반응을 미리 볼 수 있고 감독이나 아티스트들은 영감을 얻을 수 있는 이점이 있다고 강

김태헌

조한다. 예전 인기 영화 〈올드보이〉 〈설국열차〉의 경우도 만화에서 모티브를 얻어 새로운 영화를 발전시킨 케이스라고. 웹툰 하나 잘 만들면 공장 하나 짓는 것보다 나을 수 있다는 것이다.

"부산에 거주하는 전문 웹툰 작가는 70여 명 됩니다. 전국적으로는 1천100명 정도 활동하는데 전업작가는 300명 수준이지요. 웹툰의 장점은 지방과 서울이 평등하다는 겁니다. 수익배분에 차이가 없고 트렌드보다는 자기 스타일의 작품, 즉 개성이 있느냐 없느냐가 더 중요한 문제지요."

물론 웹툰 작가 등에 대한 교육 프로그램이나 지원이 서울 등 중앙에 집중되어 있는 것은 사실이라고 김 대표는 지적한다. 서울·대전·부천 등 일부 지자체에선 작가들에게 작업실을 제공하는 등 투자를 아끼지 않고 있다고 말한다.

"제가 부산예술대학 만화창작과를 2003년에 졸업했는데 지금 그 과마저 없어졌어요. 만화를 공부하고 싶어 하는 학생들은 이제 대부분 수도권 상명대·청강대 등으로 떠날 수밖에 없습니다. 부산 인재를 다 빼앗기고 있지요. 산과 바다가 동시에 있는 부산은 만화를 그릴 수 있는 소재가 너무 풍부한데 안타까워요."

김 대표는 네이버 월요웹툰에 〈딥(Deep)〉이라는 작품을 지난해 8월부터 연재하고 있다. 실종 됐던 사람들이 살아 돌아온다는 미스터리 호러물인데다 부산의 바다를 배경이다. 특히 해운대·광안리·일광 등을 정밀하고 사실적으로 묘사하다 보니 독자들의 몰입도가 높다고 전한다.

"도시물을 그리는 것을 좋아했어요. 도시 하면 차갑고 규격화된 이미지와 함께 다양한 스토리가 떠오르잖아요. 그것에다 스릴러·호러물을 결합하는 거죠. 예전에 뉴욕 번화가를 배경으로 한 외국 영화를 보고 나중에 저런 것을 만화로 한번 그려 봐야지 했던 적이 있었어요. 이번에 딥을 통해 부산이란 도시의 곳곳을 묘사할 수 있어 작업은 힘들지만 즐겁게 하고 있습니다."

김 대표는 고교시절부터 본격적으로 만화를 그리기 시작했다고 한다. 공부는 뒷전이었다. 그때 첫 작품이 〈Class in Class〉였다고. 〈여고괴담〉류의 학교에서 벌어지는 사건을 그린 공포물이었던 셈. "친구들 반응이 폭발적이었죠. 잘 그렸다는 칭찬에 더 열심히 그렸죠." 당시를 회상하는 김 대표의 얼굴에 미소가 번진다.

"1999년에 서울문화사 『영점프』라는 잡지에 만화를 그리면서 공식 데뷔했지요. 그러던 중 2000년대 초반부터 출판 만화시장이 극심한 침체기를 맞게 됐습니다. 저도 출판사 입맛에 맞는 만화를 그려야 하나, 아니면 내 스타일을 고수하는 만화를 그려야 하나 선택의 기로에 서게 됐지요."

당시 출판사들은 고교 액션물을 원했다. 그게 그나마 팔리는 장르였다고 한다. 김 대표는 스릴러·공포물을 포기할 수 없었다. 그러던 중 웹툰에선 원하는 장르를 그릴 수 있다는 제의에 2006년 웹툰으로 자리를 옮겼다. 웹툰은 돈이 안 되던 시기였다. 수입은 줄었지만 하고 싶은 것을 한다는 마음에 뛰어들었다고 한다.

김태헌

"2008년 〈인간의 숲〉 2010년 〈해피캐슬〉 연재로 이름을 알렸습니다. 역시 호러물이었죠. 2012년 〈표류소녀〉가 한국콘텐츠진흥원 우수만화 지원작으로 선정되는 계기로 새로운 실험을 하게 됐지요. 소녀 성장물인 이 웹툰은 만화와 소설을 결합한 첫 작품이었어요. 반응도 나쁘지 않았지요." 텍스트가 나오다가 인물이 대사하면 만화가 나오는, 적절한 긴장과 호흡을 조절하면서 스토리와 만화와의 관계를 생각할 수 있었던 좋은 경험이었다고 말한다.

만화에 비해 웹툰의 장점은 무엇일까. "일단 독자들의 접근성이 좋습니다. 컴퓨터나 스마트폰만 있으면 되니까요. 둘째, 종이에다 만화를 그리는 것에 비해 제작 경비가 많이 절감되지요. 물류비나 운송비도 필요없고 확장성이 뛰어납니다." 김 대표는 2014년 12월부터 미국시장에도 〈딥〉을 서비스하고 있다. 네이버의 글로벌팀에서 번역을 해 지금 4화까지 서비스를 마쳤다.

"국내시장 웹툰 작업을 마친 뒤 미국시장용으로 별도 보정 작업을 거칩니다. 해외시장은 국내보다 인터넷 속도가 느리기 때문에 플랫폼을 가볍게 하는 작업을 주로 하지요. 네이버 유통망이 전 세계에 진출해 있기 때문에 실력만 있다면 국내 작가도 세계적 명성을 얻는 것은 시간문제일 뿐입니다."

네이버와 다음카카오가 요즘 가장 주력하고 있는 분야는 웹툰을 기반으로 하는 게임·캐릭터 상품 개발이다. 여기서 발생하는 수익의 일부는 원작자인 웹툰 작가에게 돌아간다.

"수입은 두가지 경로를 통해 옵니다. 작품당 과금하는 방식과 인기 있는 웹툰에 따라붙는 광고 수입이 그것이지죠. 요즘엔 미리보기 서비스를 통한 수입도 있어 괜찮습니다. 물론 2차 시장을 통한 수익이 만들어진다면 제일 좋겠지요."

김 대표는 25세 때부터 계속 연재를 하다 보니 마감에 쫓겨 매일 고3처럼 긴장하며 사는 게 힘들단다. 사람들은 아예 못 만난다고. 보너스 수입이 짭짤한 게 그나마 위안이다. 가수들 앨범 표지·영화 콘티·관공서 만화 홍보물 등 다양한 의뢰가 들어온다고. 현재 〈딥〉은 영화화를 위한 접촉도 하고 있다고 살짝 귀띔한다.

"웹툰 시장의 발전 가능성은 무궁무진합니다. 부산시에서도 최소한 작가들이 작업할 수 있는 공간을 지원해 준다면 힘이 될 것입니다. 기반 시설이 부족해 뜨면 뜬다고 서울로 가고 안 뜨면 안 뜬다고 서울로 가는 지금의 시스템으로는 인재 유출을 막을 방법이 없지요."

●덧붙이는 글: 김 작가는 제작자 디브이인사이드와 영화화 판권 계약을 체결했다. 2016년 7월 크랭크인, 2017년 7월 개봉이 목표다.

/

김태헌   1975년 부산 출생. 1999년 서울문화사 『영점프』 통해 데뷔. 2003년 부산예술대학 만화창작과 졸업. 2006부터 웹툰 제작 참여. 2012년 부산만화가연대 대표. 2014년 8월 네이버 월요웹툰 〈딥〉 연재. 〈인간의 숲〉(2008년) 〈해피캐슬〉(2010년) 〈표류소녀〉(2012년) 등 작품 다수.

김태헌

2부

희망을
나눠드립니다

©강원태

매일 새벽 황령산 등산으로 하루를 시작합니다.
요즘은 '안 될 때 따라 해라'는 새로운
강연 테마를 연습하기 위해 산을 오르지요.

희망을 나눠드립니다

김영식

천호식품 회장

/

만나면 즐거워지는 사람이 있다. 주변 사람에게 행복 바이러스를 나눠주는 사람, 고맙습니다, 라는 말을 입에 달고 사는 사람, 작은 이벤트를 매일 만드는 사람. '나눔 경영'을 20년 넘게 실천하는 기업가, 부산 사상구 덕포동 천호식품 본사서 만난 김영식 회장이 그런 사람이다.

김영식 회장에게 '나눔'이란 일상이다. 자신을 만나는 사람은 배가 불러야 하고 다 부자가 돼야 한다는 것이다. 모든 것을 잃고 절망의 끝에 서 봤기 때문에 어려움에 처한 사람을 외면할 수 없다는 것이다.

"지난해 말 제가 화상을 당했는데 방치하다 보니 악화가 돼서 이 달 초부터 화상전문 개인의원에서 치료를 받고 있습니다. 중환자실에 22세 된 여대생 화상 환자가 있었는데 고시원 화재로 등이 다 타버린 거예요. 너무 안타까웠어요. 다음 날 용기를 주고 싶어 제 책을 선물해 주면서 첫페이지에 '힘 내라. 태양은 다시 뜬다. 너를 위해 다시 뜬다'라는 글을 써 주었더니 우는 거예요."

김영식

김 회장은 다른 도움은 줄 수 없었지만 희망과 격려를 주고 싶었다고 말한다. 아픔을 그대로 지나치지 않는 것, 밥을 떠먹이며 간병을 하던 그녀의 아버지는 김 회장을 알아보고 너무 고맙다고 하더란다.

그의 호주머니에는 로또복권이 항상 있다. 매주 150장을 사서 나눠 준다. 인사 잘하는 사람, 부지런한 사람, 열심히 일하는 사람을 만나면 1장씩 준다. 사람들은 돈 3천 원을 주면 이상한 사람이라고 쳐다보지만 3천 원짜리 로또 1장을 주면 웃는다는 것. 그 순간 즐거움이 전파된다는 것이다. 행운이나 이벤트에 너무 기대는 것은 아닐까.

"매일 새벽 황령산 등산으로 하루를 시작합니다. 요즘은 '안 될 때 따라 해라'는 새로운 강연 테마를 연습하기 위해 산을 오르지요. 산에서 1시간씩 혼자서 스마트폰에다가 강의를 녹음합니다. 지금까지 25번 녹음했어요. 생방송이나 강연할 때 버벅대면 창피하니까 연습하는 것입니다."

김 회장은 스타강사로도 유명하다. 25번 녹음한 폰을 보여준다. 노력 없는 스타강사는 없다는 말로 들린다. 노력을 해야 행운도 따라온다는 것. 김 회장에겐 방송3사에서부터 기업체·관공서까지 강연 요청이 쇄도한다. 2008년 출간, 50만 부 이상 팔린 베스트 셀러 『10m만 더 뛰어봐』란 책 내용이 강연 핵심 주제다. 성공한 기업인이 IMF로 다 잃고 다시 재기한 자신의 이야기를 담았다. 6년 이상 강의를 하다 보니 이젠 식상하단다. 그래서 새로운 이야기를 하고 싶어 2탄 강연을 마련해 연습하고 있다. 언제부터 '나눔'에 눈을 떴을까.

"1990년대 초 겨울, 대연동 못골시장을 지나가는데 한 할머니가 벌벌 떨면서 나물을 팔고 있었어요. 너무 추웠는데 안쓰러워서 몽땅 사 주었지요. 그런데 그 할머니가 정말 좋아하시며 고맙다고 몇 번이나 인사하시는 바람에 내가 도리어 기분이 더 좋았지요. 그때 베푸는 것이 즐거운 일이구나 하는 것을 느끼고 조금씩 내가 가진 것을 나누기 시작했습니다."

김 회장은 그 후 장애인 한라산·백두산 등정 정기 후원 등 소외계층에 대한 사회 지원을 늘려 나가기 시작했다. 요즘은 전국민을 대상으로 셋째 자녀 출산 때 200만 원 지원하는 것을 비롯해 태극기 달기 우수 아파트 시상, 시민과 하는 새해맞이 행사 등 다양한 사회공헌 활동을 하고 있다. 2009년부터 실시한 셋째 출산 장려금은 그동안 500명 정도에게 약 10억 원이 지급됐다고. 태극기 달기도 약 7천만 원 정도 지출됐다.

"2003년부터 다음카페 '뚝심이 있어야 부자 된다'를 운영하고 있지요. 회원들 고민 상담은 물론 성공 노하우 조언도 해주기 위해 개설했습니다. 소소한 일상 이야기부터 회원들과 희로애락을 함께 나눕니다. 인생 선배로서 멘토 역을 하며 소통하는 게 즐겁습니다. 현재 회원이 9만 명 정도 되지요."

김 회장은 자신이 글을 올리면 댓글이 보통 100~200개씩 폭주한다고 한다. 그만큼 멘토에 대한 갈증이 크다는 것이다. 뚝심카페의 지역별 모임도 활발하다. 오프라인 정기모임이 있으면 김 회장도 한번씩 참석한다. 다른 회사 직원들의 부러움을 사는 사원복지는 어떨까.

김영식

"일단 직원들이 배고프면 안 되니까 오전·오후 2번 간식이 나 갑니다. 직원들 월급에서 제일 많이 나가는 것이 교육비더라고요. 그래서 직원 본인은 대학원까지 학자금 전액 지원, 자녀는 어린이 집부터 대학까지 지급하고 있어요. 대학생은 2명까지 1인당 300 만 원씩 주지요. 물론 여직원이 출산하면 첫째 아이 100만 원, 둘째 200만 원, 셋째 1천220만 원 지원합니다."

김 회장은 셋째를 낳으면 500만 원을 일단 지급하고 24개월간 매 달 30만 원씩 보육비를 지원한다고 한다. 왜 그런 생각을 했을까. 10여 년 전 우리나라 출산율이 OECD 최하위라는 기사를 보고 인 구가 줄면 나라가 강해질 수 없다는 생각에 셋째 자녀 지원을 파격 적으로 결정했다고 한다. 대신 직원들과 흑자 때만 주겠다고 약속 했다고 한다. 2000년 이후 천호는 흑자경영을 이어오고 있다. 장사 가 잘되는 비결은 뭘까.

"고객은 작은 것에 감동을 받습니다. 계약서에 쓰여 있지 않는 작 은 이벤트에 감동하지요. 고객 생일 때 생일 쌀을 보내 드립니다. 그것도 아주 예쁜 단지에 담아 드리지요. 또 고객이 우리 제품을 맛보고 싶다고 하면 아주 멋진 샘플박스에 담아 보내지요. 고객은 감동을 받습니다. 진심을 전달하니까 천호 단골고객이 되는 겁니 다. 그런 고객이 100만 명에 이릅니다."

김 회장은 이를 '진심마케팅'이라고 한다. 물건과 함께 행복도 팔 겠다는 것이다. 고마워하며 먹는 건강식품이 더 건강을 보증한다는 것. 지난해 연매출이 1천억 원을 넘었다고 귀띔한다.

오뚝이란 별명도, 뚝심이란 트레이드 마크도 실패하고 난 뒤 생

겼다. 빚만 22억 떠안고 고향으로 간 98년 설날 아침, 아버지가 새
배를 받고는 빨간색 오뚝이를 선물하더라는 것. '내 아들은 오뚝이
처럼 일어날 것'이라는 아버지의 믿음이 고스란히 전해졌단다. 뜻밖
의 선물에 너무 감격했고 다시 일어설 용기를 얻었다고. 회장실 책
장에 그 오뚝이가 자랑스럽게 진열돼 있었다.

"배고플 때 빵을 주는 사람은 안 잊어버리잖아요. 고통스러울 때
챙겨주는 사람도 잊을 수 없지요. 저에겐 사업하는 데 우산이 없었
어요. 혼자서 개척했던 것이지요. 이젠 저보고 멘토가 되어달라고
합니다. 멘토가 될 수 있다는 게 행복합니다. 어렵고 힘든 사람들이
도움을 요청하면 이젠 자신있게 이렇게 말합니다. 안 될 땐 따라하
세요. 저처럼."

/

김영식 경남 고성 출생. 1984년 천호식품 설립. 1997년 IMF 직전 찜질방·황토방·
서바이벌 게임 등 무리한 사업 확장으로 부도 위기, 2년 만에 재기. 2000년
보건복지부 장애인 복지 증진 표창, 2007년 부산시 우수중소기업인 대상,
2011년 여성가족부 여성친화기업 표창 등 다수.

김영식

©김병집

우리는 조금만 오래되면 폐기하고 새로 짓는
1회성 개념으로 주택을 봅니다.

'느린 건축'을 꿈꾸다

김기수

동아대 건축학과 교수

/

　부산 곳곳에서 도시재생 사업이 한창이다. 오래되고 낡은 지역을 보기 좋고 깨끗하게 정비하는 사업이다. 마을·아파트 단위 재개발·재건축부터 북항재개발 같은 대규모 공사까지 동시에 추진된다. 대체로 싹 철거하고 새로 짓는 방식이다. 그곳에 살았던 사람들의 삶과 흔적도 지워진다. 새로 짓는 것만이 옳은 해법일까. 요즘 '느린 건축'이 주목받고 있는 이유다.

　"우리나라 사람들은 아파트가 20~30년만 넘으면 재건축을 생각합니다. 건물 수명을 보통 30년 남짓으로 보는 거지요. 일본의 70~80년, 유럽의 최소 100년과 비교하면 차이가 너무 큽니다. 우리는 조금만 오래되면 폐기하고 새로 짓는 1회성 개념으로 주택을 봅니다. 시간이 남긴 흔적에는 관심이 없는 것 같아 안타깝습니다."

　김기수 동아대 건축학과 교수를 서구 부민캠퍼스 석당박물관에서 만났다. 김 교수는 느린 건축을 지향하고 있다. 작고 낮은 건축, 옛것의 흔적을 남겨 두는 방식의 건축이다. 부산시 문화재 전문위원이기도 한 그는 새로 그림 그리듯이, 무차별적으로 시행하는 도시재생 사업이 불만이다. 재개발·재건축을 하더라도 조금 더 천천히 세세하게 논의하면서, 그 땅에서 살아온 사람들의 삶과 스토리를 살리면서 재정비를 하라고 강조한다.

"도시재생 사업의 경우 근대적 개발 방식의 대표 격인 신도시 개발 방식을 아직도 답습하고 있습니다. 물론 허허벌판에다 새로 도시를 건설하려면 그래야 되겠지만 부산이라는 도시가 가진 소중한 역사적 자산과 정체성을 지키려는 노력이 필요하다는 것입니다. 일거에, 빨리, 대규모로 추진해서는 해결되지 않는다는 것이죠."

김 교수는 최근 10년간 영도대교 복원, 부산시민공원 조성, 북항 재개발 등 부산의 대표적 개발 사업에 관여했다. 아쉬웠던 사례로 지난해(2014년) 5월 개장한 부산시민공원을 들었다. 16만 5천 평에 달하는 부산시민공원은 하야리아 부대와 일본군 보급부대 땅이라는 100년의 역사를 잘 녹여야 세계적 명품 공원이 될 것이라고 조언하고 설계 자문에도 응했지만 추진사업단은 결국 '새로운 그림'을 그리고 말았다고 지적한다.

"일단 공원을 가로지르는 인위적인 길 5개를 만들고 거대한 잔디광장을 조성하면서 원형 대부분을 훼손했습니다. 보존한 것은 전체 건물의 20%도 채 되지 않을 겁니다. 겨우 막사 3~4개, 초등학교 건물, 공방·역사관 등 30개 정도 남겼습니다. 1세기라는 시간의 스토리를 갈아엎어 허탈했습니다."

이에 반해 2013년 개통한 영도대교 복원 공사는 그런대로 의미가 있었다고 웃는다. 안전 때문에 기존의 상판·교각 등은 다 철거했지만 다리 양끝 석축과 계단은 그대로 남겼으며 가장 중요한 스토리텔링이었던 도개기능을 되살린 것이 역사적 가치가 있다고 말했다. 김 교수는 '빨리 빨리'의 관점에서는 불가능한 일이었지만 시민들의 힘으로 이룩한 결실이었다고 말한다.

"복원 공사 도중 나온 강재·기계 등 구조물, 그리고 원래 도면·사진기록·동영상, 철거 과정 기록물 등이 다 보관되어 있지요. 당시 도개기능이 회복되면 전국 각지에서 관광객이 몰려올 테니 인근에 영도대교전시관을 건립해 전시하자고 합의했었는데 결국 무산됐습니다. 영도대교가 지속적인 스토리를 재생산하려면 필요한 공간이지요." 북항에도 최초 개항지로서 근대 토목기술의 흔적이 곳곳에 남아 있으니 꼭 보존하고 재개발을 해야 할 것이라고 당부한다.

김 교수는 새것과 옛것의 적절한 조화를 자신이 총괄 설계한 석당박물관에서 찾을 수 있다고 말한다. 이 건물은 당초 병원 용도로 1923년 짓기 시작, 1925년 완공했다. 그동안 경남도청·부산지법 등 건물로 써 왔는데 동아대서 2002년 구입, 2009년 박물관으로 리모델링했다.

"건물 자체가 사무실 공간이라서 박물관으로 쓰기에는 부적합했습니다. 개조가 필요했지만 등록문화재여서 우여곡절이 많았지요. 외관은 본래 모습 그대로 남겨 두고 보수만 했습니다. 내부가 관건이었죠. 전시공간에 맞게 깔끔하게 바꾸면 보기에는 좋겠지만 건물이 가진 90년의 스토리가 사라지잖아요. 안전과 관련된 천장과 바닥만 새로 고치고 나머지 벽체는 고스란히 남겼지요. 낡고 오래된

김기수

벽돌과 새 벽돌을 조화시켜 원형을 살렸습니다. 조금 덕지덕지했지만 그게 더 멋지다는 사람도 많습니다."

김 교수는 특히 건물 가장자리 굴뚝도 그대로 살려 놓았더니 그 자체가 전시물이 됐다고 설명한다. 벽돌·기와 등 모든 철거물은 3층 전시실에 보관되어 있다. 다시 지으면 2년이면 되는 공사를 이런 방식으로 리모델링하니 5년이 걸렸다고 말한다.

"현재의 재개발·재건축은 누구를 위한 사업인지 근본 의문을 제기할 필요가 있습니다. 왜 하느냐는 거죠. 기존 거주자가 다시 들어와 살 수 있는 구조가 아닌 거예요. 기존 거주자는 모두 변두리로 쫓겨나는 현재의 시스템에 대한 반성이 필요합니다."

김 교수는 현대건축의 세계 트렌드는 작고 느리고 지속가능한 건축이라고 강조한다. 삶이 중심이 되는 건축, 지역의 정체성을 이어가는 건축이 선진국형이라는 것. 김 교수는 어떻게 느린 건축에 관심을 갖게 됐을까.

"순전히 내 집을 지어 보려는 욕심에서 1981년 동아대 건축학과에 지원했지요. 88년 서울 '공간' 건축사사무소에 들어갔는데 설립자가 김중업과 함께 대한민국 현대건축의 1세대로 평가받던 김수근이었습니다. 끊임없이 근대건축에다 한국적인 것을 어떻게 가미할 것인가를 놓고 고민하셨다고 하더라고요. 그 영향으로 93년 일본으로 건너가 일본건축이 추구하는 작고 낮은 건축을 공부하게 됐지요."

김 교수는 가정에서도 스토리가 있는 건축 철학을 실천할 수 있다고 강조한다. 즉 거주하는 방을 안방·거실·책방이라고 부르는 대신 자신의 희망사항을 담은 '방 이름'으로 고쳐 부르라고 말한다. 이게 공간 디자인의 출발이라고. 이름을 붙이는 순간 그에 걸맞게 꾸미게 되고 스토리가 생긴다는 것. 김 교수는 "익명성 속에 살아가는 현대인들이 기능과 경제 관념으로만 보던 집을 인문학적 관점으로 보기 시작하는 첫 단계"라고 설명한다. 사소했던 삶이 빛나고 풍성해진다고 조언한다.

"하늘(조감도)을 먼저 보고 땅(시간의 흔적)을 보는 기존 건축 방식에서 땅의 삶을 먼저 보는 발상의 전환이 필요합니다. 시간이 좀 걸리겠지만 공동체의 삶을 먼저 읽고 도시 설계를 한다면 훨씬 더 인간적이고 창의적인 도시재생 사업이 될 것입니다. 바다와 산과 강이라는 원래 부산이라는 그림이 있는데 새로운 그림을 그릴 필요는 없지요. 흉내내는 것으로는 세계적인 도시가 될 수 없다는 것을 명심해야 할 것입니다."

김기수   1961년 부산 출생. 88년 동아대 건축학과 졸업, 김수근이 설립한 서울 공간건축사사무소 입사. 93~98년 일본 교토공예섬유대학 건축학 석·박사. 99년 동서대 교수를 거쳐 2001년부터 동아대 건축학과 교수 재직. 현재 문화재청 근대분과 문화재 전문위원, 한국근대건축보존회 부산경남지회장. 영도대교 복원·부산시민공원·북항재개발 라운드테이블 운영위원 등 역임.

김기수

©강원태

여성이란 이름 뒤에 숨지 말고
당당하게 경쟁해 성공하길 기대합니다.

'철의 여인'

김경조

경성산업 대표

/

창업으로 성공하기 어렵다고 한다. 열에 아홉은 1년 내 망한다는 창업, 그것도 떡볶이 · 피자 · 치킨 · 김밥집 등 소자본 창업이 아니라 제조업체를 하나 차려 성공한다는 것은 쉬운 일이 아니다. 아이템 선정에서부터 공장 운영 · 영업전략 등 준비해야 할 것이 너무 많다. 동종업종을 퇴직해 창업한다면 그런대로 하겠지만 '맨땅에 헤딩'식 으로 초보자가 선뜻 뛰어든다는 것은 아무래도 무리다. 그런데 그 사람이 여성이라면 어떨까.

40세까지 전업주부로 살다 문득 자동차 부품용 연마재 생산업체 를 창업, 20년 만에 업계 강소기업으로 키운 경성산업 김경조 대표 를 사상구 삼락동 공장 사무실에서 만났다. 현재 부산벤처기업협회 회장이기도 한 김 대표는 회사 운영하랴, 공사 중인 지상 17층 규 모의 모라동 벤처집적화단지 현장을 둘러보랴 바쁜 나날을 보내고 있다.

"1997년 3월 사상구 쾌법동에서 1인 창업을 했습니다. 남의 회사 한 귀퉁이에다 기계 1대 놓고 직원 1명 고용해 시작했지요. 초창기 에는 영업하러 가서 황당한 일도 많이 당했습니다. 어느 회사를 가

김경조

든 경비실을 통과하기 어려운 거예요. 보험 세일하러 왔느냐 등 매번 잡상인 취급을 하는 겁니다. 안 되겠다 싶어 명함과 카탈로그를 보여 주면 이젠 직접 생산하는 거 맞느냐, 전공이 뭐냐, 패션업 하는 게 더 나을 것 같다며 비웃는 거예요."

김 대표는 당시 제강회사 다니던 남편 친구가 은행에 근무하던 남편에게 권유했던 사업 아이템인데 덜컥 자신이 해 보겠다고 해서 하게 됐다고 말한다. 평소 남편이 퇴직하면 유치원을 설립해 일해야겠다는 마음을 갖고 있었다고. 아이들을 키우면서 방송대 유아교육과를 나와 교사자격증도 취득해 놓은 상태였다. 그래도 어떻게 제조업을 할 생각을 했을까.

"사실 어릴 때부터 철공업을 하시는 아버지 밑에서 선반·밀링 기계 등이 있는 공장에서 자랐어요. 그곳이 제겐 놀이터였지요. 사업 아이템을 듣는 순간 낯설지 않았어요. 직접 선반 작업을 해 본 적은 한 번도 없었지만 하면 될 거 같았지요. 무식한 사람이 용감하다고 기회다 싶어 도전하게 됐습니다."

그러나 사업은 순탄치 않았다. 창업한 그해 겨울 IMF가 왔다. 12월에 받기로 한 3개월치 납품 대금 3천만 원이 부도난 것이다. 김 대표는 눈앞이 캄캄했다고 당시를 떠올린다. 해당 회사에 알아 보니 은행들이 BIS기준을 맞추려고 대출 연장을 안 해 줘 발생한 흑자부도였다고 한다.

"며칠 후 대책회의에 갔더니 회사 전무가 조금만 기다리면 반드시 갚겠다며 되레 울먹이고 있는 저를 다독여 주더라고요. 회장이

사재를 털고 직원들도 기본급만 받고 일하기로 결정했다고 하더군요. 급한 불부터 끄라고 500만 원을 건네 주더라고요. 부도나면 다 도망가기 바쁘다는데 이런 회사도 있구나 싶었죠. 희망이 생기더라고요. 밀린 대금은 1년에 걸쳐 다 받았죠."

김 대표는 그때 이후 위기의식을 갖고 회사를 꾸려 나갔다. 그러다 이듬해 6월 남편이 은행서 퇴출되면서 이젠 생계를 책임져야 한다는 절박한 마음까지 갖게 됐다고 설명한다. 특히 영업은 자신이 직접해야겠다고 다짐했다. 현장을 가 봐야 기업 문화와 재무상태, 비전 등 회사 전반 상황을 알 수 있고 작업환경에 대한 피드백도 제공해 줄 수 있다는 것이다.

"여성이라는 이유 때문에 영업할 때 편견과 불편한 점도 많이 있었죠. 기계는 모르면서 미인계로 영업한다는 사람도 있었지요. 오해도 많이 받았습니다. 나이 들어 좋은 것은 더 이상 여성으로만 보지 않고 사업 파트너로 본다는 것이죠."

김 대표는 기술 개발에 승부를 걸었다. 일본 연마재 제품을 연구하고 국내서도 자료가 있다면 어디든 발품을 팔며 찾아가 분석을 했단다. 결국 2003년 국산화에 성공하는 성과를 얻게 됐다. 현재 국내에선 유일하게 대학과 연계한 R&D(연구개발) 프로젝트도 수행하고 있다며 자부심을 드러낸다. 첫해 1억 9천만 원 매출이 지난해에는 70억 원으로 늘었다.

"여성 기업인은 남성 기업인에 비해 리스크에 민감하게 반응하는 경향이 있습니다. 일과 가사의 병행으로 자신의 한계 내에서 조금

김경조

씩 성장시키는 경향이 있지요. 특히 엔지니어 출신이 거의 없고 업종도 음식·숙박·도소매 등 서비스업에 편중되어 있다는 한계가 있지요. 그러나 고객의 니즈를 정확하게 파악하고 거기에 맞는 제품과 서비스 개발이 이뤄지는 장점도 있습니다."

김 대표는 2010년 경성대에서 '한국의 여성 기업'이라는 논문으로 경제학 박사학위를 받았다. 한국기업데이터 자료 50만 건을 이용한 국내 첫 실증적 사례 분석 논문이라고 한다. 재무제표 등 다양한 지표를 비교한 결과 여성 기업이 이익·성장률 측면뿐 아니라 일과 가사, 양육 문제 등 사회적 목표까지 포함할 때 남성 기업에 전혀 뒤지지 않는 것으로 밝혀졌다고. 집안일은 어떻게 할까.

"제가 종가집 종부예요. 예전엔 4대봉사라 해서 1년에 제사를 13번 지냈는데 요즘은 3대까지만 하기로 해 9번 제사를 지냅니다. 일머리는 빨라 음식은 척척 만들지요. 남자 아이 둘이 있는데 약간 스파르타식으로 키웠습니다. 자기 일은 스스로 하도록 교육시켰지요. 남자도 가사를 분담해야 하는 시대잖아요."

업계에서는 이런 김 대표를 '철의 여인'이라고 부른단다. 김 대표는 위기가 있을 때마다 자신을 지탱해 준 것은 신앙이었다고 고백한다. 힘들 때 절에 가서 3천배를 올리는데 체력 단련에도 좋고 어지럽고 혼란스러운 마음을 다스리는 데는 최고라고 웃는다.

"2006년 창립한 부산벤처기업협회 회장으로 지난해 연임됐습니다. 전임 회장 잔여 임기 1년을 포함하면 벌써 햇수로 5년째 중책을 맡고 있지요. 아마 벤처단지 등을 추진했으니 일의 연속성이라는 의미에서 다 완결 짓고 그만두라는 회원들의 요청으로 받아들이고 있습니다."

김 대표는 경성대·신라대·부경대 겸임교수로도 활동했다. 현재는 경성대 대학원에서 강의하고 있는데 학생들에게 인기가 많다고. 연 1천억 원대 이상 매출 기업의 대표가 와서 강의를 하면 현실감이 없어 긴가민가하지만 50~60억 원 정도의 기업체 대표가 와서 창업 이야기를 하니 눈높이에 맞는지 귀를 쫑긋 세우고 듣더라고.

"누구 엄마, 누구 아내가 아닌 제 이름 석 자로 사회활동을 할 때 가장 보람을 느낍니다. 내 존재 가치가 확인되는 거지요. 가급적 작은 것에 만족하는 삶을 살려고 합니다. 조금 부족해야 도전할 여지도 있고 희망이 생기지요. 젊은 여성들도 보다 더 프로근성으로 갖고 세상에 도전하면 좋겠어요. 여성이란 이름 뒤에 숨지 말고 당당하게 경쟁해 성공하길 기대합니다."

●덧붙이는 글: 김 대표는 공장을 강서구 녹산동 부산여성기업산업단지로 확장 이전했다. 2016년 3월 신사옥 준공식을 개최했다.

/

김경조 1956년 마산 출생. 철공업을 하는 아버지를 따라 강원도 동해시로 이주, 초·중·고 학창시절 대부분을 보냈다. 사업 DNA는 이때 습득. 20대 초반 결혼, 전업주부로 살아오다 97년 3월 자동차 부품용 연마재 업체를 창립했다. 2005년 현 삼락동으로 이전. 2010년 경성대 경제학 박사. 2006년 여성벤처기업 부산경남지회 초대회장, 2014년 부산벤처기업협회 회장 연임. 2011년 우수여성기업 국무총리상. 2014년 아름다운 납세자상.

안태호 등 군데군데 호수도 있어서 새벽에 안개가
끼거나 비올 때 보면 정말 환상적입니다.

5村 2都의 삶

정홍섭

전 신라대 총장

/

　도시에서 살다 주말이면 산 좋고 물 맑은 시골로 들어가 자연과 벗하며 사는 삶, 스트레스 홀홀 털어 버리고 새로운 힘을 얻고 돌아오는 삶, 도시인이면 누구나 꿈꾸는 로망이다. 밀양시 삼랑진읍 행곡리 돌담마을에서 만난 정홍섭 전 신라대 총장이 그 주인공이다. 근데 좀 유별나다. 산촌에서 더 많이 지낸다. 5촌 2도의 삶이다.

　"오래전부터 퇴직하고 나면 시골에 들어와 살려고 했지요. 조그만 생태체험형 대안학교를 하나 만들어 학교서 포기한 아이들과 공부도 하고 텃밭도 가꾸며 자연 속에서 살아가는 꿈 말입니다. 사실 그동안 남 비판하고 학교나 단체 일 하느라 정작 자신을 살펴보는 일은 게을리했지요. 이젠 바깥 그만 보고 내면을 성찰하며 살아보자 하는 바람도 컸습니다."

　정 전 총장은 주말마다 양산·물금 등 경남 곳곳 좋다는 데는 다 찾아다녔다. 그러다 이곳을 처음 본 순간 딱 마음에 들었다고 한다. 결국 3개월 만인 2012년 12월 초 이곳에 들어왔다. 속전속결이었다. 총장 임기는 2012년 11월 24일 끝났다. 부산엔 부산대 상담사 양성

　　　　　　　　　　　　　　　　　　　　　　　　정홍섭

과정 강의 등을 위해 1~2일 정도 출타한다.

"경치가 참 좋았어요. 해발 250m에 위치해 있어 약간 비탈길이지만 그대신 멋진 전망을 얻었습니다. 정남향이어서 볕도 많이 들지요. 천태산이 멀리 있고 저 밑으론 낙동강이 흐르지요. 안태호 등 군데군데 호수도 있어서 새벽에 안개가 끼거나 비올 때 보면 정말 환상적입니다."

정 전 총장은 처음 왔을 때는 40여 시골집들이 대부분 비어 있었다고. 상주가구는 7가구에 불과했다. 마을은 정돈이 안 된 상태였다. 돌담 사이에 담배꽁초 등 온갖 쓰레기들이 넘쳐났다는 것. 정전 총장은 체험학교는 후일로 미뤘다. 일단 마을을 정비하고 사람이 와서 살고 싶도록 가꾸는 게 더 시급했단다.

"우선 소득사업을 뭘 할까 구상했지요. 옆집에 전통장을 담그는 분이 계셔서 그것을 크게 키워야겠다고 생각했죠. 된장 5단지 정도 가내 부업 수준으로 하셨는데 장맛이 좋았어요. 그분 비법을 전수받고 아는 발효 전문가에게 자문을 얻어해 전통된장을 재현했지요."

정 전 총장은 지금은 180단지 규모 된장사업으로 커졌다고 자랑한다. 덕분에 퇴직금이 다 날아갔다. 사는 집 말고도 장독대 터 2곳 등 몇 군데 땅을 더 마련했던 것. 판매는 인터넷이나 추석 등 명절에 알음알음으로 한다. 한창 장 담글 때는 일손이 부족해 김해 아파트부녀회와 협약을 맺었단다. 와서 장 담그기 체험도 하고 일당도 벌어 간다.

"된장 전문가들은 이곳이 햇볕이 많이 들고 공기와 물이 맑은 데

다 황토 토양이어서 장류를 발효시키기에는 최적의 조건이라고 말하더라고요. 장독도 전라도를 돌며 수집했지요. 한 40~50년 된 독도 많습니다. 옛날 독은 유약이 거친 대신 숨을 잘 쉰다고 하지요. 된장 속 효모는 공기를 좋아해 묵은 독 장이 더 맛있습니다. 예전 좀 있는 집 엄마들은 딸 시집 보낼 때 장맛이 제일 좋은 단지를 딸려 보냈다고 합니다. 일종의 우수한 효모 종자를 준 셈이지요."

정 전 총장의 이런 마을 가꾸기에 동네 할머니들도 처음엔 긴가민가하다가 요즘엔 모두 전폭적인 후원자가 됐다고 한다. 이사 온 다음 해인 2013년 1년 동안 마을 정비를 하고 된장사업의 기초를 닦은 뒤 2014년에 밀양시에서 3천만 원의 예산을 따내 마을 안길을 넓히게 됐다.

"마을이 어느 정도 예뻐지니까 사람들이 관심을 갖기 시작하더라고요. 지난해부터 본격적으로 전통산촌 복원사업을 추진하고 있습니다. 돌담·초가 복원과 황토체험방·주차장 건립, '달빛 산책로' '꽃길 트래레킹' 등 걷기코스 개발, 그리고 음악회 개최 등을 주 내용으로 하는 창조적 마을가꾸기 프로젝트를 농림수산부에 신청, 현재 경남도를 거쳐 정부 최종 심사만 남았습니다."

정 전 총장은 돌담마을발전위원장 자격으로 오는 25일 정부 세종청사에 심사 받으러 간다고. 통과되면 10억 원의 예산이 배정되는데 마을이 획기적으로 바뀔 것이라고 흐뭇해한다. 어떻게 3년도 채 안 되는 기간에 이 많은 변화가 이루어졌을까.

"다른 외지인들은 다 주말주택 개념으로 이곳에 왔지요. 저는 이

정홍섭

곳에 체험학교를 만들겠다는 각오로 왔기 때문에 초기엔 거의 살다시피 했습니다. 묵묵히 허드렛일을 하고 각종 이벤트를 만드니다 좋아하시더라고요. 2013년 가을부터 시작한 '달빛음악회'도 그중 하나지요."

정 전 총장은 첫 음악회는 집 마당에서 개최했는데 박홍주 부산문화 대표를 비롯, 많은 분들이 재능기부를 했단다. 클래식 기타부터 성악·색소폰 연주, 그리고 시 낭송·무용까지. 특히 풀벌레 소리 들으며 달빛 아래서 연주한 대금산조는 눈물이 날 정도로 멋졌다고 당시를 회상한다. 첫해 100여 명이 왔고 지난해엔 230여 명이 참석하는 대성황을 이뤘다.

"제가 사는 집도 본채는 현대식으로 바꿨지만 '돌담산방'이라고 이름 붙인 아래채는 전통 밭전자 구조로 복원했습니다. 앞에는 초당방과 외양간, 뒤에는 헛간과 뒷간으로 구분되는데 붙박이장과 화장실을 들여놓아 현대식을 가미한 전통가옥이 됐습니다. 한번 본 사람은 다 탐을 내는 공간이지요."

정 전 총장은 산 아래 땅에서 된장 보관 저온창고 토굴 공사를 하다가 기가 엄청 나오는 바위를 발견했다고 귀띔한다. 지인들의 의견과 오링테스트 등 여러가지를 종합해 본 결과 '자연에서 나오는 에너지'가 많은 곳이라고. 저온창고 대신 토굴 명상방으로 만들어 놨다고 자랑한다.

"1960년대 중·고등학교를 다닐 땐 찢어지게 가난했습니다. 방직공장 다니면서 대구상고 야간반을 다녔지요. 당시 교사 되는 게 꿈이었죠. 공장 그만두고 1년 동안 열심히 공부했지요. 돈이 없어 3일 굶고 경북대 본고사를 치렀습니다. 마치고 나오니 하늘이 노래지더군요."

정 전 총장은 중·고교 교사를 거쳐 대학교수, 총장, 교육혁신위원장까지 오른 입지전적인 인물이다. 80년 10월 교육정책에 관해 정부 비판 글을 썼다가 혼쭐이 나고 교사를 그만뒀다. 그게 전화위복이 됐다. 부산대 조교를 거쳐 85년 부산여대(현 신라대) 교수로 임용됐던 것. 정 전 총장은 교수 시절 호헌철폐 시국선언, YMCA 중등교육자협회 교육자선언 동참, 참여연대 창립 등 80~90년대 부산 시민운동에 적극 동참했다. 유명해지려고 시민운동을 했던 것은 아니었는데 인터뷰도 자주 하고 신문에 글도 쓰면서 결과적으로 득이 되어 돌아왔다며 웃는다.

"긍정적으로 사는 게 가장 중요합니다. 부정적인 사람은 기회가 와도 그게 기회인 줄 모르지요. 긍정적인 사람은 과정을 중요시하기 때문에 결과에 연연하지 않습니다. 마음도 비우게 됩니다. 그러면 시야가 넓어져요. 세상을 정확하게 보게 되지요. 현재 일에 충실한 것이 가장 행복한 삶입니다."

/

정홍섭 1947년 경북 경주 출생. 대구 방직공장 다니면서 대구상고 야간부 졸업. 1970년 경북대 사범대학 교육학과 졸업. 부산 내성중·부산전자공고 등에서 교사 생활. 1985년 신라대 교육학과 교수. 1990년 부산대 대학원 교육학 박사. 2000년 부산시교육위원회 부의장. 2004~2012년 신라대 4, 5대 총장. 2007년 대통령 자문 교육혁신위원장. 2008년 황조근정훈장. 2011년 캄보디아 국가재건최고훈장.

정홍섭

©강원태

아이들은 나를 보고 혹 느끼는 것이 있다면 아마
'걸껍데기 보고 사람을 판단해선 안 되겠구나'
하는 것이겠죠.

쓴맛이 사는 맛

채현국

효암학원 이사장

/

"평범하고 시시한 삶이 행복한 거예요. 자본주의 사회 경쟁에 속아가지고 잘난 체하고 남을 딛고 올라서야 사는 거 같고, 시시하면 당하는 것 같지만, 시시한 사람만이 행복한 사람이오. 조금이라도 남 짓밟으면 행복하지 못해요."

'노인들이 저 모양이란 걸 잘 봐두어라'란 말로 지난해 우리 사회에 큰 울림을 주었던 채현국 효암학원 이사장. 거침없는 독설과 서릿발 같은 일침으로 '시대의 어른'으로 우뚝선 채 선생(이사장이라는 호칭을 싫어 한다)을 경남 양산시 개운중학교 교장실에서 만났다. 채 선생은 이달 중순 부산흥사단으로부터 '존경받는 인물상'을 받기도 했다.

채 선생은 한때 소득세 납부액이 전국 10위 안에 들 만큼 거부였으나 73년 20여 개의 회사를 정리하고 재산은 모두 직원들에게 나눠 줬다. 부친은 독립운동가를 도왔고 채 선생은 민주화 인사들을 남몰래 지원했다.

"내가 시시하니까 그동안 얼마나 게으르고 편안하게 살았는데요.

근데 얼굴 알아보기 시작하니까, 날 좋다고 하는데, 속는 거예요. 사람들에게 조언해 준다는 것, 도움되는 것 같아도 다 독입니다. 과일 좀 크다고 농약 뿌리는 사람을 좋은 사람이라고 하는 꼴이에 요."

채 선생은 출셋길이 있다면 살짝살짝 피하라고 지적한다. 잘 해서 쓰임을 당하면 아첨꾼의 길로 들어서게 된다고. 채 선생은 "이 세상에 선생님이라고 정해진 사람 중엔 선생님은 없다"며 자기 자신이 선생님이라고 생각하는 사람이 진정한 선생님이라고 말한다. 학교는 어떻게 운영할까.

"옛날 학교 다닐 때 교장선생님 훈화·교훈 생각나요? 안 나죠. 선생님의 어떤 행동이나 모습에서 느낀 것만 생각나잖아요. 내가 발견하고 깨달은 거니까 생각나는 거지요. 아이들이 나를 보고 혹 느끼는 것이 있다면 아마 '겉껍데기 보고 사람을 판단해선 안 되겠구나' 하는 것이겠죠."

아이들이 학기 초에는 교정을 어슬렁거리며 쓰레기도 줍는 저 할아버지는 누구지, 하다가 몇 개월 지나면 이사장인 줄 알게 된다고. 높은 사람이 하는 일과 낮은 사람이 하는 일이 구분이 되는 줄 알았는데 그 고정관념이 조금씩 깨진다는 설명이다. 그것이 채 이사장식 교육이라면 교육이다. 홍국탄광 정리할 때 사모님 등 가족과 의논했는지 물어봤다.

"그런 건 절대로 의논하지 않습니다. 내가 바깥일은 참 독선적이죠. 내가 뭐하는지도 모릅니다. 이혼사유일 겁니다. 의논하면 분명히 '딴소리' 나오니까, 아예 안 하지요. 그 외에는 다 집사람 말 따라요. 2남 2녀를 낳았는데 공부하라 마라 한 적도 없어요. 아이들이 독자적인 생각으로 자유롭게 살기를 항상 바랐어요. 난 남의 내비게이션 되길 원하지 않아요."

채 선생은 "다른 사람의 생각에 간섭 안 하겠다는 게 내 생각"이라고 강조한다. 이 세상에는 정답은 없다는 입장이다. 무수한 해답만 있을 뿐이라고. 정답은 거짓말을 전제로 한다는 것이다. "내가 옳고 그 사람이 틀렸다는 생각을 어떻게 안 하고 살까" 항상 고민하는 숙제라고 강조한다.

"선생님들도 마찬가지예요. 아이들이 공부하고 싶게 만드는 게 할 일이에요. 가르치려고만 하고 성공하라고만 요구하는 것, 선생·부모로서 할 짓이 아니지 않습니까. 아이들로 하여금 호기심을 가지고 상상력을 가지고 긍정적인 삶의 태도를 가지고 배우고 싶게 만드는 것, 배우기 좋아하는 사람을 만드는 게 선생님의 역할입니다."

채 선생은 "돈 쓰는 재미보다 더 무서운 것이 돈 버는 재미"라고 말한다. 한번 빠지면 헤어나오기 어렵다고. 흥국탄광 시절 한 달 순이익이 100만 달러가 넘었다. 이자를 아무리 물어도 회사가 막 늘어났다는 것. 두려웠다고 한다.

"광업소 소장 했던 박윤배가 내 중학교 동기동창이지요. 윤배가 피신해 온 사람들 다 받아서 먹이고 재워 줬지요. 서울대 후배였던 김지하도 그중 한 명이었죠. 「오적」 등 여러 시를 썼지만 내가 볼

채현국

땐 잘 쓴 시는 아닌 것 같아요. 단지 뛰어난 점은 판소리 분위기를
우리 현대시에게 잘 살렸다는 거지요."

채 선생은 시·소설 등 언어예술에 대한 의견도 피력했다. 시·소
설을 쓰는 사람은 늘 잘 쓰지는 못한다는 것. 배우나 성악가나 춤
꾼은 아무리 못 해도 일정한 수준을 항상 유지하는데 시나 소설은
그렇지 못하다고. 잘했다 못했다를 반복한다고. 춤이나 노래나 연
기는 몸에 배어 있고 몸이 기억하는 데 반해 시와 소설은 그렇지 않
다는 것이다. 고통은 크지만 늘 잘하지 못하는 게 숙명이라고.

"난 시 공부하는 사람하고 친구 안 해요. 시 한 줄에 목숨 거는
사람은 내 취향에 맞지 않습니다. 말짱 계산된 시지요. 민요·노동
요·동요는 목숨 걸고 쓴 게 아니지 않소. 시인들은 또 시시한 이야
기 쓴다고 소설을 낮춰봐요. 읽을 줄도 모르고 읽지도 않아요. 시
시한 게 인생인데 말이에요."

채 선생은 어릴 때는 소월 시를 좋아했다고 한다. 고시·시조·한
시도 좋아한다. 현대시 중엔 김수영도 좋고 박재삼도 좋단다. '마음
도 한자리 못 앉아 있는 마음일 때/친구의 서러운 사랑이야기를/가
을햇볕으로나 동무삼아 따라가면/어느새 등성이에 이르러 눈물나
고나'(박재삼,「울음이 타는 가을강」). 김민기 노래도 좋아하지만 유
행가 가사도 좋아한다. 절절하기 때문이다.

채 선생은 젊은이들이 긍정적인 마음을 갖는 게 가장 중요하다고
말한다. 젊으니까 비판적이기 쉽지만 어떤 조건 속에서도 삶 자체
를 존중할 줄 아는 게 필요하다고. 쓸데없는 가치관에 휘둘리고 쫓
아다니고 바보가 될 필요가 없다고 강조한다. 채 선생은 기자에게

'쓴맛이 사는 맛'이라는 글귀와 사인를 해 줬다. 쓴맛마저도 사는 맛으로 느껴질 만큼 긍정적으로 살라는 뜻이라고. 그러면서 어머니 이야기를 들려준다.

"사탕 하나도 나눠 먹기 싫어했고 아멸차고 1등 하는 거 좋아했던 질 나쁜 아이가 1953년에 변했어요. 형님 자살 때문에 확 변했습니다. 형님 삶까지 살아야 한다고 다짐했지요. 형님과는 엄마가 달라요. 엄마는 당신의 친아들이 죽었는데도 내가 살아 있다는 것에 고마워했어요. 한결같이 대했지요. 긍정적인 삶을 알게 해 주신 분이지요. 내가 엄마라고 부르는 유일한 분입니다."

채 선생은 사회에 기여한다는 의미에서 사업체를 정리한 것이 아니라고 말한다. 자기 욕심만 채우고 살면 이미 재미없다는 것을 깨달은 것일 뿐이라고. 본래 주인에게 돌아갔다는 설명이다. 기득권 포기 아니냐는 말에 손사래를 친다. 채 선생은 "농약에 속으면 안 돼, 속지 마"라고 덧붙인다. 멀리서 왔다고 밥을 사 준다. 아이같이 천진난만한 웃음을 갖고 있다. 준엄한 비판을 가하지만 이내 속삭이듯 시를 이야기하고 철학을 이야기하고 인생을 이야기한다. 헤어질 때 두 손으로 하트를 그려 준다.

/

채현국　1935년 대구시에서 태어났다. 서울대 철학과 졸업. 1961년 중앙방송(현재 KBS) 연출 1기로 입사, 3개월 만에 그만뒀다. 60~70년대 부친과 함께 흥국탄광 등 20여 개 기업을 운영, 한때 소득세 납부액이 전국 10위 안에 들 만큼 큰돈을 벌었다. 73년 회사를 정리하고 재산은 직원들에게 모두 분배했다. 1988년부터 경남 양산에서 효암학원 이사장으로 재직 중이다.

　　　　　　　　　　　　　　　　　　　채현국

©정대현

부산도시철도 1호선 지상 구간인 동래~구서역
6개 역사 벽체 전부를 30여 년 전 제가
납품했다면 믿으시겠습니까.

조성제

비엔그룹 명예회장

/

"부산도시철도 1호선 지상 구간인 동래~구서역 6개 역사 벽체 전부를 30여 년 전 제가 납품했다면 믿으시겠습니까. 1978년 불모지였던 선박 내장재 업체를 창업해 우여곡절 끝에 국산화에 성공했는데 판로가 막막했습니다. 조선소에서는 납품 경험이 없다, 모르모트가 되기 싫다며 구매를 미뤘지요. 그런데 뜻밖의 기회가 와 돌파구를 마련했습니다."

2015년 3월 부산상공회의소 회장으로 재임된 조성제 비엔그룹 명예회장. 올해 매출액 1조 원이 목표다. 세계 1위 제품도 4개나 된다. 기업인에게 최고 영예인 금탑산업훈장까지 받은 조 회장을 부산진구 범천동 상의회장실에서 만났다.

"82~83년 도시철도 공사가 한창이었습니다. 지상 구간 벽체는 가벼운 것으로 해야 하는데 외국 제품을 사용할 거라는 소문에 무작정 담당자를 만나 우리도 똑같은 제품을 만든다, 가격도 저렴하다고 설득했지요. 그러면서 외국처럼 역사마다 벽체 색깔을 다르게 하자고 아이디어도 냈습니다. 승객들이 깜박 졸더라도 색깔로 어느 역인지 구별이 가능하도록 말입니다."

조 회장은 설계 도면의 신뢰성을 높이기 위해 당시 최고의 건축
가인 김수근 씨를 찾아가 색상 검증도 받고 도면에 사인까지 받아
왔다. 담당자는 그제서야 발주를 하더란다. 벽체·천장재 포함 선
박 50척 분 물량이었다. 조 회장은 그때부터 부산도시철도 역사는
바이어들에게 비엔그룹의 쇼룸으로 활용되었다고 웃는다. 그러다
86년 일본 미쓰이조선소에서 3천만 원 상당의 첫 계약을 따냈다.
그런데 첫 납품부터 하자가 나 큰 위기를 맞았다고.

"국내 모 업체가 개발한 PVC 필름을 입힌 패널 제품을 일본으로
보냈는데 싸구려 안료를 쓰는 바람에 필름이 변색 되는 문제가 발
생했습니다. 눈앞이 캄캄했지요. 잘못 대응했다간 미래 수출길이
불투명해질 수도 있었습니다."

조 회장은 당장의 돈보다는 신뢰를 선택했다. 3일 만에 다시 만들
어 선박과 육로를 통해 보냈다. 운반비 6천만 원에 제품값 3천만 원
더해 3배 정도 더 들었다. 대신 신의를 얻었다. 이후 계약은 턴키 방
식(일괄 수주)으로 하게 됐다고 덧붙인다.

"그런데 예상치 않았던 일이 벌어졌습니다. 일본 요미우리신문
이 1면에 한국의 이름도 없는 회사가 일본 조선소에 쳐들어와 활
개를 치고 있다고 비아냥거리는 박스기사를 크게 실었는데 그게
노이즈 마케팅이 된 겁니다. 기술력과 가격 경쟁력이 우수하다는
것을 홍보해 준 셈이 됐지요. 미쓰비시·히타치 등서 주문이 폭주
했습니다."

조 회장은 그해 아시아권 수출 계약이 7배 정도 늘어나며 비약적인 발전을 했다고 강조했다. 72년 부산대 조선공학과를 졸업한 뒤 대한조선공사(현 한진중공업)·현대중공업에 근무하며 잘나갔는데 왜 창업을 했을까.

"당시 조선소에서는 배 껍데기만 만들고 내장재는 전량 외국에서 고가로 구매해 조립하는 시스템으로 선박을 만들었지요. 대학 시절 공부를 소홀히 했던 탓에 남들과 똑같은 것을 하면 경쟁력이 없다고 생각해 안 하는 것을 찾다 보니 선박 인테리어 디자인이 눈에 띄었습니다."

조 회장은 선실 설계에 승부를 걸었고 실력을 쌓아 나갔다. 일부 품목은 국내 업체에 개발도 맡겼다. 그러던 중 한 업체에서 문짝 납품을 받았는데 선박 명명식 때 하자가 발견돼 회사 임원에게 크게 혼난 뒤 "내가 나가서 만들어 봐야겠다"고 결심, 그날 사표 썼다.

"일단 벽체·천장재 등 큰 품목부터 국산화해 보자고 생각했지요. 유럽 가서 기계 구입해 만들면 되지 않겠느냐고 단순하게 생각했는데 가격을 열 배 이상 부르는 거예요. 안 팔겠다는 뜻이었습니다. 안 되겠다 싶어, 공장 견학을 다니며 스케치해 와 한국서 수많은 시행착오 끝에 결국 설비기계를 만들었습니다."

조 회장은 5~6년 만에 모든 선박 내장재의 국산화에 성공했다. 미쓰이조선소 납품 이후 미국·유럽 등 많은 업체와 거래를 텄는데 초기엔 기술력보다는 현지 상황을 잘 몰라 소송도 많이 당했다고 밝힌다.

　　　　　　　　　　　　　　　　　　　조성제

오너 공급품 하자로 인한 공사 지연 배상금을 되레 조 회장 측이 물어준 美 마이애미 여객선 리노베이션 프로젝트가 그런 경우다. 계약 관련 내용을 꼼꼼히 점검하지 못한 게 실수였다고 한다. 협상 잘하는 원칙이 있는지 물어봤다.

"자신의 실력을 있는 그대로 상대방에게 다 보여 주어야 합니다. 더 붙인다든가, 버블이 있으면 펑크 나게 돼 있지요. 제품에 양심과 마음을 담았다는 것을 전달하는 게 가장 중요합니다. 믿음을 바탕으로 거래하면 거의 성공하게 돼 있습니다."

조 회장은 "리더는 통찰력을 갖추는 게 가장 중요하다"고 말한다. 처음에 통찰력이 잘못되면 끝도 없이 비뚤어지고 나중에 바로잡으려면 더 많은 시간과 비용이 필요하다는 것. 조 회장은 "창업하고 20년간은 독선적으로 회사를 운영했다"고 고백한다.

"어떤 문제가 생기면 집에서 엄청 생각합니다. 바둑으로 따져 남들이 4~5수 볼 때 저는 20수 이상 봤지요. 사장단 회의 때 계속 질문하면 대부분 대답을 못하더군요. 그러다 보니 다른 사람 이야기 듣기에 시간이 아까웠던 것 같습니다."

비엔그룹은 80~90년대 전 세계 벽체·천장재 물량의 30%를 생산했다. 요즘도 20% 점유율을 기록하고 있다. 조 회장은 선박 기자재 업체의 특성상 모든 사원에게 정확성을 기하라고 항상 강조한다.

"1+1=2라는 생각으로 일처리를 하라고 말합니다. 어림짐작으로 '눈대중'으로 하면 선박 내장 가구들이 딱딱 조립이 안 되는 겁니다. 대충하니 뜯어내다 볼일 다 보는 거지요. 최선을 다했는데 손실 나는 것은 용서가 됩니다. 가장 안 좋은 것은 잘못한 것을 반복하는 것입니다."

조 회장은 어머니께서 늘 말씀하신 새옹지마가 자신의 좌우명이라고 말한다. 일희일비하지 않는다. 최근에 읽은 책 중에서는 미래학자 최윤식 씨가 쓴 『2030 대담한 미래』가 가장 감명 깊었다. 대한민국의 미래와 우리 삶에 대한 영감을 많이 준다고. 그동안 120여 개국을 돌아다녔다. 항공마일리지가 350만 마일이다. 지구를 140바퀴 돈 셈이다.

조 회장은 100억 규모의 부산시 관할 공익재단을 하나 만들려고 준비하고 있다고 밝힌다. 학생들 장학금 지원 등에 힘을 보태고 싶다고. 비엔그룹 은퇴자를 위한 실버타운 조성도 꿈꾸고 있다.

"권력의 중심에 있는 사람이나 정책 입안자들이 공정한 심판자의 역할을 해 주었으면 합니다. 호루라기 잘못 불면 게임이 뒤집어집니다. 인맥으로 이기는 사회는 결국 편법이 난무하고 무너집니다. 열심히 일하는 사람을 힘 빠지게 하면 안 되지요. 하청업체 직원의 삶도 보장해야 합니다. 맑은 사회가 되기를 소망합니다."

/

조성제　1948년 경남 마산 출생. 66년 마산고 졸업. 72년 부산대 조선공학과 졸업. 대한조선공사 입사. 78년 부일산업㈜(현 BIP㈜) 창업. 2002년 비엔그룹 회장. 2007년 한국무역협회 부회장. 2009년 부산대 국제전문대학원 국제학 박사, 한미친선협회 회장. 2010년 오스트리아 명예영사. 2011년 대선주조㈜ 인수. 2015년 부산상공회의소 회장 재선. 금탑산업훈장 수상.

©강원태

관객들 반응이 폭발적입니다.
올해부터는 지역 개그맨들과 온전히 창작 콘텐츠로
승부를 걸었는데 대박이 났습니다.

'개콘 내시' 부산 정착기

김영민

윤형빈소극장 대표

/

"관객들 반응이 폭발적입니다. 부산 사람들은 세고 강력한 것을 좋아하는데 항상 새로운 것을 추구하는 저희 소극장과 잘 맞아떨어진 것 같습니다. 그동안은 서울 개그맨들이 오가면서 스타 마케팅에 주력했다면 올해부터는 지역 개그맨들과 온전히 창작 콘텐츠로 승부를 걸었는데 대박이 났습니다."

'개콘 내시'로 일반인에게 잘 알려진 김영민 윤형빈소극장(윤소) 대표. 소극장 경영자와 개그맨 역할은 물론 작곡가로도 활발히 활동한다. 영어와 일어는 통역도 할 수 있을 정도로 유창하다. 방황하던 시절 이것저것 하다 보니 이렇게 됐단다. 열정이 넘친다.

특히 올해(2015년)는 동업자 윤형빈 씨가 지난 7월 서울 홍대서 오픈한 윤소 2호점 준비 작업에 집중하느라 부산은 김 대표가 전담했는데 공연 매출이 되레 올랐다며 자랑한다. 남구 대연동 센츄리 빌딩 지하 1층 소극장에서 김 대표를 만났다.

"개관 3년 만인 지난해, 소극장 최단기간 20만 관객을 돌파했습니다. 저 개인적으로는 지난 6월 부산 공연 2천 회를 넘겼지요. 콘텐츠 홍수인 시대에 하나의 작품으로 다양한 관객을 모으는 데는 한계가 있습니다. 지난해 초 시작한 직업별·세대별 '맞춤식 공연'이 성공적으로 정착하고 있는 것 같습니다."

김 대표는 올해가 '윤형빈소극장 부산 현지화 원년'이라고 강조한다. 윤소는 2011년 10월 개관했다. 메인 공연은 〈코미디몬스터 19〉(연출 박성호)다. 가벼운 욕도 할 수 있고 야한 애드립도 칠 수 있어 인기가 많다. 목~일요일 7차례 공연을 한다. 7~8월 주말 공연은 한시적으로 공포특집으로 꾸몄다. 대학생 위주 관람에서 요즘은 40~50대 계모임이나 직장인들 문화 회식 일환으로 많이 찾고 있다고 전한다.

김 대표는 "150석 규모의 공연장이 평일에도 80% 정도는 꽉 찬다"며 최근 수시 단체관람(출장 공연 포함)이 급격히 늘었다고 귀띔한다. 주로 보험사나 은행, 콜센터 등에서 많이 신청하는데 회사 담당자와 사전 인터뷰를 통해 어떤 애환과 공감대가 있는지 파악한 뒤 공연에 반영하기 때문에 인기가 높은 것 같다고 분석한다. 가장 재미있었던 에피소드를 물어봤다.

"이동통신 콜센터 여직원 단체관람 때였습니다. 욕을 심하게 하는 진상고객에 대한 스트레스가 가장 심하더군요. 저런 욕을 들으며 어떻게 견뎠을까 생각이 들 정도였지요. 가장 못되게 생긴 배우에게 욕을 그대로 재연하게 하고 제가 '네 고객님, 잠시만요' 하다가 '싸대기'를 확 올렸더니 월드컵 때처럼 박수가 3분 동안 나온 적이 있었습니다."

김 대표는 "현실에서는 할 수 없지만 공연을 통해 대신 응징해 주니까 힐링이 되는 모양"이라고 강조한다. 처음엔 공연마다 내용을 다르게 하려면 힘들지 않을까 생각도 했는데 이젠 노하우가 쌓여 되레 색다른 재미가 있다고 밝힌다. 보험설계사를 대상으로 하는 공연에선 회사 대표 상품을 미리 공부해 극 중에 쫙 나열한 적이 있었는데 고맙다며 팁을 받은 적도 있었다고.

김 대표는 20대 초반 록밴드 '위스키 리버' 베이스로 활동하다 2004년 〈폭소클럽〉을 통해 개그맨으로 데뷔했다. 2011년 개콘 〈감수성〉 코너서 내시 역을 맡으면서 두각을 나타냈다. 요즘 제일 관심을 두는 것은 중·고등학생을 대상으로 한 진로 강연이다.

"저 역시 10~20대 때 밥벌이를 놓고 많이 갈팡질팡했습니다. 하고 싶은 일이 정말 하고 싶은 일인지, 현실도피성인지 스스로 판단할 수 있도록 도움을 주고 싶습니다. 저의 경우, 하고 싶은 일에만 매달리기보다는 만약을 위해 영어·일본어 등 어학 공부도 틈틈이 했는데 경영자로서 큰 도움이 됩니다. 젊었을 때는 한 우물만 파지 말라고 조언하고 싶습니다."

김 대표는 "가장 간절히 이루고 싶은 꿈은 항상 세 번째로 미루라"고 강조한다. 자신의 경우 첫째가 건강, 둘째가 가족의 행복이었다고. 이 두 가지가 굳건할 때는 실패하더라도 재기할 수 있는 힘이 생긴다는 것이다. 밴드하면서도 토익공부를 했던 경험, 현명했던 판단과 그렇지 못했던 판단을 아이들과 공유하고 싶단다.

"개그를 하고 싶은 친구들이 있다면 우리 소극장에 와서 그 가능성을 점검해 볼 수 있을 겁니다. 경험해 보고 도전해 보라고 말하고 싶어요. 힘든 과정 속에서 행복을 느낀다면 자기 일이라고 생각해

김영민

도 될 겁니다."

김 대표는 "윤소가 올해 '부산의 극장'이 된 것 같아 보람을 느낀다"고 말한다. 지난 6월부터 부산경찰청과 학교 폭력 예방을 주제로 한 〈친구야 놀자〉 출장 공연을 30여 차례 실시했고 부산시와 〈부산 정말 좋아〉라는 관광 홍보 뮤직비디오도 만들었다. 롯데 자이언츠와도 업무 협약을 맺었다. 지역 개그맨 육성은 어떻게 할까.

"현재 소속 개그맨은 9명입니다. 2, 3기들이지요. 1기 멤버들은 모두 서울로 진출했습니다. 올해 3월부터 일요일 오후 7시 공연은 〈쇼킹〉이라는 개그 배틀쇼로 진행됩니다. 개그맨들이 매달 새 코너를 올리지요. 순위는 관객들이 문자 투표로 결정합니다. 만년 하위권 친구가 상위권이 돼 울 때 팬들도 함께 울기도 하지요. 이 코너를 위한 밤샘 연습이 평점·객석 점유율·티켓 판매율 전국 1위의 신화를 만들었다고 자부합니다."

김 대표는 20대 이후 미국 코미디클럽을 비롯해 캐나다 태양의 서커스, 중국 전통극, 일본 가부키 등 세계 10대 도시를 돌며 500여 편의 공연을 본 것이 자산이라고 강조한다. 시설이나 연기력은 금방 최고가 될 수 없지만 친절함이나 열정, 발전 속도에서는 뒤지고 싶지 않아 소속 개그맨들과 항상 노력한다고 덧붙인다.

"윤소의 재관람률은 30% 정도 됩니다. 서울서는 뜨내기 손님도 있고 해서 한 공연을 7~8년 하는 경우도 많지만 부산은 계속 바꿔 줘야 합니다. 뮤지컬·연극·음악 등 소극장 공연 예매율로 따져 연말엔 전체 톱10에 들기도 합니다. 내년부터는 지역 축제 등 공공기관 문화 프로젝트에도 적극 참여, 공연 노하우를 나누고 싶습니다."

김 대표는 윤소 오픈하고 그다음 해인 2012년 부산으로 주소를 옮겼다. 너무 많은 사랑을 받고 돈도 많이 버는데 세금은 다른 곳에 내는 것이 미안했다고. 지난 5월 아홉 살 연하의 팬인 부산 아가씨와 결혼도 했다. "서울 개그맨의 부산 정착 완성"이라고며 웃는다. 메인 스폰서도 올해부터는 향토기업과 맺고 싶단다.

"김영민은 행복한 사람, 열정적인 사람이라는 이미지를 사람들에게 보여 주고 싶습니다. 초기엔 힘들어도 즐거운 척하면서 개그를 했지만 지금은 제가 진짜 행복해야 다른 사람에게 행복을 줄 수 있다는 생각이 많이 듭니다. 진짜 행복한 사람이 되고 싶습니다. 만나는 모든 사람들에게 희망을 주는 개그맨이 되고 싶습니다."

●덧붙이는 글: 2015년 12월 말 윤형빈소극장 공동대표를 그만뒀다. 2016년부터 전국 지자체 첫 구립코미디극단인 '해운대 개그학과' 단장으로 활동하고 있다.

/

김영민 1981년 남원 출생. 건설업을 하는 부친을 따라 청주·안산·서울 등 여러 곳을 이사 다녔다. 2000년 경기대 전자디지털음악과 입학, 2004년 〈폭소클럽〉으로 데뷔. 2007년 김영민 1집 〈Pink Cream Donuts〉 발표. 2008년 KBS 23기 개그맨(오나미·정태호·김민경·허민과 동기). 2011년 10월 부산 윤형빈소극장 개소. 2014년 개관 3년 만에 20만 관객. 2015년 부산 공연 2천 회 돌파, 가수 최준영 신곡 〈아파요〉로 작곡가 활동.

                          김영민

©강원태

그때의 결론은 '비우고 살자'였습니다.
딱 나한테 맞는 것까지만 갖고 나머지는 사회에
돌려주자는 것이었죠.

나눔 천사

이정화

㈜ 코 렉 스 대 표

/

"어릴 때 너무 가난하게 자라서 못 해 본 것을 하려고 처음엔 돈을 모았습니다. 그런데 어느 정도 먹고살 만해지고 막연하게 꿈꾸었던 것이 이뤄지니까, 또 욕심이 생기는 거예요. 더 넓은 집, 더 좋은 가구, 더 많은 옷… 아, 이러다가는 끝이 없겠구나 하는 생각이 들더군요."

최근 해운대구 반송 지역 노인복지시설 건립 비용으로 사회복지법인 좋은세상에 10년간 모은 적금 1억 원을 기부해 화제를 모았던 전시기획사 ㈜코렉스 이정화(34) 대표. '나눔 실천자'로 선정돼 지난달 청와대 오찬에도 초청받았던 이 대표를 센텀동로 회사 사무실에서 만났다.

"예전 첫 직장 상사께서 항상 강조하신 게 있었어요. '이 세상은 누군가가 다 만들어 놓은 것을 잠깐 빌려 쓰는 것'이라면서 우리들도 가치 있는 일을 하면서 살아야 한다. 나누고 베푸는 일에 관심을 갖고 작은 일부터 실천해야 한다고 말씀하셨지요. 20대 후반 어느 날, 그 말이 다시 절실히 생각나는 거예요."

이정화

이 대표의 어린 시절은 불우했다. "아버지는 경제적으로 무능하셨고 다리가 불편하신 어머니가 노점이나 작은 식당을 운영하면서 생계를 책임지셨는데 항상 쪼들렸다"고 설명한다. 학원을 보내 달라거나 옷을 사 달라는 것은 꿈도 꾸기 어려운 형편이었다고. 나눔의 삶이란 결국 학창 시절 자신과 비슷한 아이들에게 용기도 주고 물질적 도움을 주고 사는 것이란 것을 깨달았다고 전한다.

"그때의 결론은 '비우고 살자'였습니다. 딱 나한테 맞는 것까지만 갖고 나머지는 사회에 돌려주자는 것이었죠. 컴퓨터 파일도 휴지통에 비워야 새로운 것으로 채울 수 있는 것처럼 지금 상황에 만족하며 감사하며 살자는 거였어요."

이 대표는 그렇게 생각하니까 신기하게도 지금 살고 있는 24평 월세 아파트도 충분히 좋고 일할 수 있는 것도 감사하고 돈 벌어 부모님께 생활비를 드리는 것도 행복했다고 말한다.

"1억 원 기부 기회도 우연히 찾아왔습니다. 지인들 모임에 갔다가 국가나 지자체에서도 하기 어려운 노인복지사업을 개인이 사비를 털어 한다는 이야기를 듣고 한번 가 보니 직원들이 너무 열심히 일하더군요. 이런 데라면 뜻있게 잘 써 주겠구나, 생각이 들어 선뜻 기부 결심을 하게 됐지요."

이 대표는 지역아동센터를 운영하는 원오사 등에도 3천여 만 원 기부했다. 목돈만 기부하는 것은 아니다. 직장생활을 시작한 2004년부터 유니세프를 비롯, 초록우산어린이재단, 월드비전, 베스티안화상후원재단 등에 소액이지만 정기후원을 하고 있다. 특히 화상

상처로 어려움을 겪는 저소득 가정 아이들을 볼 때마다 안타깝다고 전한다. 30대 초반인데 어떻게 회사를 운영하게 됐을까.

"대학 졸업 후 우연히 지역 최고 전시기획사인 D사에 입사하게 됐습니다. 당시 저는, 지금은 폐간된 〈아키닷컴〉이라는 건축웹진 편집장을 하고 있었지요. 전국의 대학생들이 만들어 가는 커뮤니티 같은 것이었는데 D사 한 임원분이 보시고 기획력이 뛰어날 것 같은데 같이 한번 일해 보지 않겠느냐고 제의해 입사하게 됐습니다. 운이 좋았지요."

그녀는 6년간 전시기획 일을 했다. 회사 대표는 "앞으로는 여성 리더가 많이 나와야 된다. 엄마 같은 마음으로, 세상을 보듬는 따뜻한 리더십이 필요하다. 준비해야 한다"는 말을 수시로 했다고 강조한다. 당시에는 사회 경험도 없고 너무 어려 흘려들었는데 5~6년 뒤 정말 독립할 때가 됐다고 권유해 깜짝 놀랐다고 전한다.

"제가 사업 수완이 뛰어난 것도, 승부사 기질이 있는 것도 아니고 똑똑해서 선경지명이 있는 것도 아닌데 사업을 한다는 게 가능할까, 라고 물어봤죠. 겁이 많이 났어요. 그때 대표께서 시작이 반이라니까, 일단 시작해 보라고 말씀하셨지요. 자본 유치 등 회사 설립하는 데 많은 도움을 주셨습니다. 2009년 코렉스를 창업하게 됐습니다."

코렉스는 2010년부터 여직원 4명과 함께 벡스코에서 어린이·유아교육용품전을 매년 1, 7월 2차례 개최하고 있다. 짐보리·잉글레시나·튼튼영어 등 80~120개 업체가 참가하고 유치원·어린이집

이정화

원장 및 어머니들이 주요 고객이다. 여성으로만 구성된 회사의 장점은 뭘까.

"일단 서로 대화가 많고 수평적인 조직이라는 점이죠. 특히 매주 월요일 오전을 장산 원각사에서 '명상하기'로 보내는데 반응이 좋습니다. 다른 회사를 보면 그 시간대가 의외로 회의도 많고 업무 집중도가 낮더라고요. 그럼 우린 특별하게 써 보자고 해 시작했지요. 스트레칭도 하고 차도 마시고 점심까지 먹고 내려옵니다. 월요병도 없어지고 오후 업무 효율도 높아지는 것 같더라고요."

이 대표의 경영 방침은 '할 때 하자'다. 특히 1년에 1~2번 직원 모두 놀러 갈 때면 정말 완전히 방전시키고 온다고 강조한다. 숙소에 쉬고 싶은 사람은 쉬고 맛있는 거 먹고 싶은 사람은 먹고 무계획적으로 보내다 온다고. 확실하게 놀아야 창의적인 아이디어도 떠오르게 된다는 설명이다. 가장 힘들었을 때는 언제였을까.

"예전 직장에서 몇 년 동안 준비한 프로젝트를 무산시킨 적이 있었습니다. 팀장으로서 책임을 지고 퇴사하려고 했는데 대표께서 책임이라는 것은 그렇게 지는 것이 아니다. 잘못된 것을 바로잡고 손실 부분을 어떻게든 복원하려고 노력하는 거지 나 몰라라 하는 것은 책임지는 게 아니라 도망가는 거라고 말씀하셨지요. 뒤통수를 한 대 맞은 느낌이었습니다."

이 대표는 직장생활 이후 가장 큰 깨달음을 얻은 때였다고 강조한다. 감봉된 월급을 받고 빠듯하게 살았지만 그녀는 그때 도망갔더라면 다른 직장 가서도 힘든 일 있으면 또 도망갔겠구나, 하는 생각이 들면서 견뎌낸 것이 뿌듯했다고 밝힌다.

"어릴 때도 지긋지긋한 환경에서 벗어나고 싶었던 적이 많이 있었지요. 그러나 장애를 안고 고생하시면서 어린 자식을 키우는 엄마를 보면 엇나갈 수가 없더라고요. 힘이 되는 딸이 되어야겠다고 많이 생각했지요. 공부방이 없어 동사무소 공부방에서 공부했고 책 사라고 도서상품권을 주신 분도 계셨기에 오늘의 제가 있었다고 생각합니다."

이 대표는 "최근에 복지시설 건립기금으로 조금 더 보태 드렸다"며 이젠 거의 비어 있는 상태인데 다시 채울 수 있는 새 부대가 생긴 셈이라며 미소 짓는다.

"우선 회사가 잘되었으면 합니다. 직원들이 좀 더 힘내 일할 수 있도록 지원할 부분이 있다면 최선을 다할 것입니다. 나눔이란 것도 결국 저 자신을 위한 것입니다. 칭찬 받으니까 제가 기분이 좋아지지요. 필요한 곳에 필요한 도움의 손길이 전해져서 잘되고 있는 것을 보면 즐겁습니다. 받은 것을 되돌려 주는 요즘이 가장 행복합니다."

/

이정화　1981년생. 어릴 때 정착촌이었던 반송에서 자랐다. 대학 졸업 전후 〈아키닷컴〉이라는 건축웹진 편집장을 2년 정도 했다. 전국 규모의 기자단이 80명가량 있었다. 2004년 지역 최고 전시기획사에 입사했다. 유니세프를 비롯, 5~6곳에 소액 기부 시작. 2009년 ㈜코렉스 창업. 2015년 8월 '나눔실천자'로 청와대 오찬에 초청받았다.

　　　　　　　　　　　　　　　　　　　　이정화

©김경현

기업인들의 참여가 너무 저조했습니다.
기업 이익의 사회 환원 차원에서 기업이 성의를
갖고 소외계층을 돕는 게 필요합니다.

기부, 건강한 사회의 척도

신정택

부산사회복지공동모금회 회장

/

"취임한 지 이제 한 달이 다 되어 갑니다. 전임 회장님들이 발로 뛰며 열심히 기반을 다져 주신 덕분에 2010년 이후 모금액이 꾸준하게 증가해 왔습니다. 올해는 메르스 사태로 경기가 위축돼 혹시 기부액이 줄지 않을까 걱정도 했지만 기우였습니다. 어려울 때일수록 더 나누는 시민들의 성숙한 의식과 적극적인 동참에 고마움을 표합니다."

부산사회복지공동모금회 제9대 회장으로 2015년 5월 취임한 세운철강 신정택 회장. 신 회장은 기업인인 자신을 추대한 것은 앞으로 부산 지역 기업인들이 공동모금회에 적극적으로 참여하도록 유도하라는 주문 아니겠느냐며 환하게 웃었다. 동구 수정동 부산일보사 6층 공동모금회 사무실에서 신 회장을 만났다.

"취임 뒤 보니 기업인들의 참여가 너무 저조했습니다. 기업 이익의 사회 환원 차원에서 기업이 성의를 갖고 소외계층을 돕는 게 필요합니다. 모금된 돈이 어떻게 쓰이고 배분되는지 투명하게 공개해 기업인들의 참여가 확대되도록 최선을 다하겠습니다. 이를 위해 매

신정택

스컴을 통한 홍보를 강화하도록 하겠습니다."

신 회장은 현 홍보대사인 롯데 자이언츠 전 2군 감독 박정태 씨를 적극 활용하는 한편 다른 분야 역량 있는 분도 새로 위촉할 계획이라고 밝힌다. 2014년 부산 지역 총 모금액은 162억 원이었다. 2010년 102억 원과 비교하면 60%가량 늘어난 셈이다. 1억 이상 기부한 기업은 17곳이다. 부산 지역 경제 규모를 생각하면 조금 아쉽다고 신 회장은 덧붙인다.

"고액 기부자 모임인 부산아너소사이어티에는 현재 64명이 가입돼 있습니다. 5년 전 2명에서 정말 많이 늘었지요. 우리 사회에 고액 기부 문화가 확산되고 정착되고 있다는 것을 알 수 있습니다. 반면 개인기부 비율은 35% 수준으로 선진국의 80% 수준에 비교하면 매우 낮습니다. 기부의 생활화로 행복한 가정, 건강한 사회가 될 수 있도록 노력하겠습니다."

신 회장은 세운철강 차원에서도 매년 6억 원 정도 중·고·대학생 장학금으로 기부한다고 전한다. 자신도 못 배우고 어렵게 자랐기 때문에 지역 인재 육성에 남다른 애착이 간다는 설명이다. 고향인 창녕 대성중·고등학교를 비롯, 동아대·부산가톨릭대, 부산국제외고 등에 15년 넘게 장학금을 전달하고 있다.

"제가 또 대학 강연료 등 부수입이 연 1천만 원 정도 됩니다. 독거노인들에게 연탄이나 쌀을 구입해 드리고 있습니다. 최근엔 2013년 설립한 부산창조재단을 통해 네팔돕기 걷기대회도 개최했지요. 특히 검찰 법사랑부산지역연합회 회장으로서 청소년 취약 지역 미화사업에 앞장서고 있습니다."

신 회장은 미화사업은 부산 16개 구·군별로 1곳씩 선정해 실시하고 있다고 설명한다. 지역당 1억 5천만 원 정도 소요되는데 회장단 등의 기부로 마련한다. 그동안 사상구 덕포동 김길태 거리, 영도 해돋이 마을 미화 작업을 완료했고 동구 수정동 산복도로 마을 작업은 진행 중에 있다고 전한다.

"2012년 9월 철강 1천만t을 판매했습니다. 1978년 6월 1일 세운 철강을 설립, 6월 15일 포철로부터 우여곡절 끝에 철강 500t을 첫 출하받은 이래 34년 만에 이룬 쾌거였지요. 포스코 최대 협력업체로 지금은 하루 3천t을 판매합니다. 첫 출하 받은 500t을 못 팔아서 고생했는데 운이 따라 주더군요."

신 회장은 당시 포스코 제품은 저급제여서 팔기가 힘들었다고 한다. 그러던 중 경쟁 우위에 있던 연합철강에서 8월에 가마가 터지는 사고가 나 시장에 공급 차질이 벌어졌고 포스코 철강은 날개 돋친 듯 팔렸다고 한다. 그후 88년 연합철강 노사분규로 제품 생산이 중단되자 LG가 거래처를 포스코로 옮겼는데 세운철강이 승승장구한 계기가 됐다고 설명한다.

"당시에는 배·기계·건설 등에 주로 쓰이는 열연강판이 인기가 많았지요. 저희 회사는 자동차나 전자제품에 주로 사용되는 냉간 압연강판을 취급했는데 인기가 없었습니다. 우스갯소리로 경쟁 회사는 더운밥(열연)인데 저희 회사는 찬밥(냉간) 신세로 불렸지요. 그런데 고도성장으로 인해 88년 이후 자동차·전자제품용 철판이

신정택

잘나가는 시절로 전세가 바뀌어 버렸습니다."

신 회장은 아랫목이 윗목 되고 윗목이 아랫목 되는 것이 인생이라고 말한다. 근면·성실하게 노력하다 보면 반드시 기회가 온다고. 신 회장에게 성공이라는 것은 잘 때 안 자고 남보다 한 뼘 더 노력한 대가라는 설명이다. 맨 처음 어떻게 철강과 인연을 맺었을까.

"70년대 중반 경남 진양군청에서 공무원 생활을 했는데 지붕개량 사업을 담당했습니다. 초가지붕 등을 양철지붕으로 바꾸는 업무였는데 제품 사러 연합철강을 다니다 보니 철강하고 인연을 맺었고 결국 사업가로 변신하게 됐지요."

신 회장은 사업가에게 의사결정은 빠르면 빠를수록 좋다고 강조한다. 경영상 중요한 판단을 할 때도 경험을 바탕으로 직관적으로 많이 내리는 편이다. 82년에 사상에 땅을 500평 구입한 것도 그런 경우였다. 그때 땅이 있으면 은행 신용도도 높아지고 돈 빌리기도 좋아질 거라는 생각이 들었단다. 결과적으로 그 땅이 종잣돈이 되어 그 이후 사업 확장의 기반이 됐다.

"단순판매서 가공판매로 전환하기 위해 89년 최신 설비를 갖춘 김해공장을 세웠습니다. 창원에 LG전자가 있기에 94년 창원공장도 세웠지요. 직납체제로 갔습니다. 96년엔 울산 현대차 전용코일 센터도 건립했습니다. 그러다 전기절연제 업체인 천안 소재 한국코아를 전격 인수해 시련을 겪기도 했지요. 모르는 분야를 했더니 결국 실패하더군요."

신 회장은 한국코아는 수원 삼성전자 1차 협력업체였는데 삼성이 백색가전을 다 중국으로 넘기는 바람에 280억 원의 손해를 보고 회사를 처분했다고 밝힌다. 한국코아를 인수한 가장 큰 동기는 자기 상품을 가진 제조업이었기 때문이다. 처음으로 큰 좌절을 맛봤다고.

"한국코아 인수를 통해 이율배반적이지만 너무 직관적으로 의사결정을 해서는 안 되겠구나 하고 깨달았습니다. 앞으로는 신중하게 접근해야겠다는 생각입니다. '산업의 쌀'인 철강의 매력에 흠뻑 빠져 살아왔습니다. 낮은 자세로 함께 나누며 살아야겠다고 항상 생각하고 있습니다."

신 회장은 지난 상의회장 시절 부산의 제2 도시 위상을 되찾고자 신공항 건설을 역설했는데 지금 불투명하게 흘러가 안타깝다고 강조한다. 정부가 최소한의 기반 시설만 도와주고 나머지는 일본 주부국제공항처럼 부산시와 시민이 책임지는 민자공항도 검토해 볼 만하다고. 정치권의 러브콜은 '경제가 먼저다'는 말로 일축했다.

/

신정택   1948년 경남 창녕 출생. 1966년 대구 대륜고 졸업. 1973년 경남 진양군청 공무원. 1978년 6월 세운철강 설립. 2004년 동아대 경영학 명예박사. 2006~2012년 부산상공회의소 회장. 2007년 ㈜부산국제항공 대표이사. 2011년 대한럭비협회 회장. 2012년 동아대 경영학부 졸업, 자랑스러운 부산시민상 대상. 2013년 대한민국 창조경제 리더 대상. 2015년 5월 부산사회복지공동모금회 회장.

©김병집

60~70년대엔 없는 게 없는 곳이었죠.
서울을 비롯, 전국 각지에서 물건 떼러 국제시장으로
왔었지요. 대한민국 물류의 중심지였습니다.

국제시장 50년 터줏대감

오수찬

신흥금속 사장

/

　"60~70년대엔 없는 게 없는 곳이었죠. 피란민들은 주로 상가 2층에서 포목·주단·메리야스 등을 취급했습니다. 서울을 비롯, 전국 각지에서 물건 떼러 국제시장으로 왔었지요. 대한민국 물류의 중심지였습니다."

　1960년 부산 동아대 법대로 유학 왔다 50년째 국제시장에 눌러 앉게 된 오수찬 사장. 오 사장은 당시 국제시장은 요즘으로 따지면 서울 동대문·남대문시장 같은 곳이었다고 설명한다. 국내 생산 물자가 귀하던 시절, 항만을 끼고 있었기에 원조물자·구호품 등 대부분의 물동량이 이곳을 거쳐 전국으로 퍼져 나갔다고. 국제시장으로서는 황금기였다는 것.

　"여기 계시던 1세대 피란 세대는 은퇴하거나 국제시장이 쇠락해 갈 때쯤 서울로 다시 많이 올라가셨지요. 저는 1.5세대 정도 되는데 이젠 내 나이 또래도 거의 없습니다."

　2014년 12월 개봉한 영화 〈국제시장〉을 계기로 국제시장도 현대

오수찬

화됐으면 하는 눈치다. 경북 경산이 고향인 오 사장은 대학 동기 대부분이 교직으로 나가는 것을 보고 교사는 하기 싫어 세상 물정 좀 배우자는 마음으로 1965년 국제시장 5공구 철물조합 서기로 입사했다. 그게 인연이 돼 결국 78년 구리·황동 등을 취급하는 철물가게 1칸을 인수하게 됐다.

"당시 국제시장엔 1공구부터 6공구까지 개별 조합별로 장사를 했습니다. 지금 대청로 쪽 1공구는 주점과 액세서리, 4공구는 식당, 5·6공구는 철물·산업기계공구 등으로 특화되어 있었지요. 목조 2층 건물이다 보니 화재에 취약했습니다. 68년 1월 25일 큰 불이 나 지금의 철근 콘크리트 모습으로 개축하게 됐습니다."

오 사장은 지역 중견 업체인 경남모직·은성낚시·대한제강 등 창업주들이 다 이곳 출신이라고 귀띔한다. 여기서 돈 벌어 사업을 크게 일군 것이다.

"전쟁 이후 초창기엔 모든 물자가 이곳으로 몰려들어 자연스레 '도떼기시장'이 형성됐습니다. 물물교환 형식으로 보따리째 거래했다고 붙여진 이름이지요. 이후 상인들은 시장 대지를 임차해 장사를 하다 64년 사단법인 국제시장번영회를 설립, 공식 불하받게 됐지요."

공구별 조합을 실질적으로 관리·통합한 지금의 번영회는 10여 년 뒤인 1977년 7월 1일 출범했다. 오 사장도 이때부터 철물조합 일을 접고 본격 장사의 길로 나서게 됐다.

"장사꾼으로는 낙제생이었습니다. 장사라는 게 모험도 하고 투기도 약간 필요한데 항상 '위험 관리'를 먼저 생각하니 현상유지만 했지요. 법학을 전공한 탓에 부도 등 최악의 상황을 가정하고 거래를 하니 사업을 확장하지 못했어요."

큰돈 벌 기회는 없었을까.

"70년대 말 한국경제의 고속성장을 이끌던 현대중공업 구매 담당자가 새로운 거래처를 물색한다며 가게로 찾아왔습니다. 물량이 상당히 되니까 저한테 감당할 수 있는지 의중을 떠 보았는데 그때 지금 하는 것보다 과다하게 할 생각이 없다는 투로 말해 성사가 안 된 적이 있습니다."

오 사장도 내심 거래를 원했지만 소극적인 답변과 불분명한 태도에 거래는 성사되지 못했다. 오 사장으로서는 사업을 크게 확장할 절호의 기회를 놓친 셈이 됐다.

"장사꾼은 이윤추구를 제 1의 원칙으로 삼아야 하는데 그렇게 하지 못한 것이 못내 아쉽습니다. 부끄럽지 않은 삶을 살겠다. 도리에 벗어나는 짓은 하지 않겠다고 스스로 너무 다짐하다 보니 결과적으로 작은 장사꾼으로 살게 된 셈입니다."

그래도 자부심이 없지는 않다. 오 사장은 '저울 장사'를 하면서 눈금을 속이는 일은 결코 없었다고 말한다. 오 사장의 이러한 상거래 원칙에 한번 맺은 거래처는 대부분 단골 고객이 되었다고. 그만큼 신용을 최우선으로 살아왔다는 것이다. 당시 국제시장 주변은

오수찬

지금과 어떻게 달랐는지 물어봤다.

"지금 국제시장로를 그때는 유엔도로라고 불렀지요.미군들이 인근에 주둔해 있어서 그랬을 겁니다. 매일 새벽이면 과자 잡화 등 도매 노점이 구름처럼 섰는데 부산 각지 구멍가게에서 물건을 떼 갔습니다. 활기가 넘쳤어요."

특히 지금의 비프광장 일대 영화관 말고도 국민은행 광복동지점 자리의 중앙극장을 비롯, 광복로 대청로에도 영화관이 산재해 이 일대에만 10여 개의 극장이 있었다고 한다.

"지금 부산을 관통하는 중앙대로도 그땐 지금과 달랐지요. 전철길이 중심도로인데 대신동 구덕운동장 전차 종점에서 경남도청(옛 법원 자리)~대청로~초량 고관~교통부~서면~동래로 다녔지요. 지금의 초량 일본영사관 앞 도로는 철도공작창 부지였고 조방앞 도로도 없었습니다."

아버지로서의 삶은 어땠을까. 영화 〈국제시장〉을 보면 일제강점기에 태어나 6·25 전쟁, 파독 광부, 월남전 파병, 이산가족찾기 등 격동의 세월을 겪는 주인공 덕수가 나온다. 오 사장도 덕수와 비슷한 연령대다. 영화 막판, 사는 게 정말 힘들었다고 눈물로 고백하는 주인공처럼 아버지로 살아오면서 힘들지는 않았느냐고 물었다.

"전형적인 가부장제 집안에서 유교 영향을 받고 자랐지요. 나 자신도 아버지를 어려워해 살가운 대화는 거의 없었습니다. 그런 가풍으로 아이들도 내 말에 순종했던 것 같습니다. 1남 2녀 중 큰 딸이 시집간 뒤에 이젠 내 방식대로 살겠다고 선언한 것을 보면 속으로는 불만이 없잖아 있었던 것도 같습니다."

오 사장은 남에게 피해 안 주고 사는 게 목표였다고 말한다. 대부분 평범한 우리 아버지들도 비슷한 생각으로 살았을 것이다. 튀지 않고 사는 게 험난한 시절을 견디는 지혜이기도 할 것이다.

"막내아들에게 필요없는 과욕을 부렸지요. 사업은 너무 힘들다는 생각에 아들만큼은 전문인으로 살아가게 하려고 고시 공부를 시켰어요. 10년 넘게 서울서 공부하다 4년 전 포기하고 내려왔습니다. 내가 못 이룬 것을 아들에게 바란 것이 아닌지 후회가 됩니다."그 아들도 결국 3년 전부터 후배 프랜차이즈점을 인수, 운영하고 있다고 한다. 아버지의 길을 따라 걷는 셈이다.

"어쩌다 보니 국제시장에서 한 평생 살게 됐습니다. 처음부터 계획한 건 아니었지요. 장사꾼 체질도 아니었는데 그럭저럭 여기서 버티며 살았습니다. 우연한 삶의 연속이 모여 인생이 되는 게 아닌가 생각합니다."평범하게 버티는 삶, 이 땅의 대부분 아버지의 삶이 그러할 거라는 생각이 든다.

●덧붙이는 글: 오 사장은 2015년 6월 신흥금속 가게를 정리했다. 50년 만에 국제시장을 떠나 정년퇴임한 셈이다.

/

오수찬　1937년 경북 경산 출생. 60년 동아대 법대 유학. 65년 국제시장 5공구 철물조합 서기로 입사. 68년 1월 21일 교사인 부인과 결혼. 77년 철물조합 상무로 퇴사하고 78년 1월 철물가게 1칸을 인수 '신흥금속'을 설립.

　오수찬

3부

유월의 아버지

종철이는 한마디로 말이 없는 아이였어요.
어릴 때부터 결정에 대해 스스로 판단하는
아이였지요.

유월의 아버지

박정기

박 종 철 아 버 지

아들을 먼저 보낸 아버지를 만나러 가는 발걸음이 무겁다. 1987년 6월 항쟁의 도화선이 됐던 서울대생 박종철 고문치사 사건. 아버지는 아들을 그렇게 보내고 투사가 되었다. 그날 이후 모든 집회 현장에는 아버지가 있었다. 유가협(전국민족민주유가족협의회)과 함께한 30년이었다.

이달(2015년 9월) 초 부산민주공원 소극장에서『유월의 아버지』(송기역 지음, 후마니타스) 출판기념회가 열렸다. 아버지가 구술하고 송 작가가 적었다. 아들이 꾸었던 꿈을 아버지가 찾으러 다녔던 세월을 담았다. 수영구 남천동 자택 인근에서 박정기 씨를 만났다.

"양산 성전암 다녀오는 길이에요. 나와는 각별한 인연이 있는 사찰이지요. 87년 종철이 49재 지낸 분이 주지 스님으로 계십니다. 며칠 뒤 추석 명절도 있고 해서 도승 큰스님께 인사도 드리고 아들도 보고 왔습니다."

성전암에 박종철 위패가 있다. 처음엔 부산 사리암에 있었는데 스님 따라 옮겼다. 건강은 어떤지 물어봤다.

"건강이 안 좋아요. 건강만큼만 활동하려 합니다. 아침에 얼마쯤 움직이고 나면 그것도 끠가 나요. 자주 산책하는 것이 좋다는데 나이 때문에 기력이 없어요. 30년 전 협심증 때문에 곤욕을 치른 적이 있었어요. 그때 이후로 지금까지 약을 먹고 있습니다."

아버지는 이제 쉴 때가 됐다고 웃는다. 4년여 전에 서울 생활을 청산하고 이곳 낡은 아파트로 왔다. 책 출간에 대한 소감을 들었다.

"나는 정부의 행위와 행동에 대치되는 생각을 갖고 살아왔습니다. 항상 크고 빛나고 좋은 그런 것 말고 가장 빛이 안 나도 여물고 견고하고 확실한 것이 더 중요했지요. 고문 없는 세상을 만드는 데 이 책이 조금 보탬이 되고 그렇게 생각하는 사람이 많아졌으면 합니다."

잠은 잘 주무시는지 묻자 기자를 질책하는 답변이 돌아온다.

"잘 잔다고 하면 모순이 있겠지요. 자다가 자주 깨는데, 깨면 또 무슨 생각을 하느냐고 묻는데 무슨 생각을 하는지 해석해 주는 사람이 기자라고 생각합니다. 내 말을 잘 심도 있게 파악하면 내가 뭘 생각하는지 답이 나와요."

아버지는 "말 안 해도 너희가 다 알고 있지 않느냐"고 지적한다. 스스로 판단해서 옳게 생각하면 그게 정확한 답이라고 일러 준다. 종철이 엄마는 아직도 수면제를 먹는단다. 간혹 말과 말 사이의 거리가 너무 멀다. 많이 생략했음을 밝힌다.

"종철이는 한마디로 말이 없는 아이였어요. 어릴 때부터 결정에 대해 스스로 판단하는 아이였지요. 앉은 그 자리에서 무슨 결과를 얻을 수 있는 것처럼 단단히 마음을 가지고 공부했는데 고2 때는 엉치가 헐어 피고름이 날 정도로 공부를 한 적도 있었습니다."

아버지는 "종철이는 그런 신체적 고뇌가 있다고 하더라도 그것을 감내하는 아이였다"고 말한다. 87년 하반기부터 유가협 활동을 본격적으로 했다. 오랫동안 회장도 맡았다. 가장 기억나는 분은 누구일까.

"유가협은 사회활동입니다. 혼자서는 맥이 서지 않아요. 이소선 (전태일 어머니·2011년 작고) 배은심(이한열 어머니) 씨는 민주화운동의 근원을 잘 파악하는 사람이었지요. 그분들의 활동은 정당하다 말할 수 있습니다. 자기 사욕을 제치고 공적인 문제에 늘 발 벗고 나섰습니다."

세 분이 유가협 활동의 중심이지 않았느냐고 묻자 고개를 가로젓는다. 공동으로 땀 흘리고 다 같이 투쟁한 거란다. 아버지는 세 분만 부각되면 안 된다고 말한다. 87년과 비교했을 때 요즘 민주주의나 인권 상황이 어떤지 물어봤다.

"우리 국민들이 아주 자랑스럽습니다. 내 일만 잘되는 것이 좋은 것이 아니고 내 일과 마찬가지로 남의 일도 잘되기를 바라는 것이 국민 전체의 뜻입니다. 고문 없는 세상, 당연히 되어야죠. 안 보고 안 들은 이야기는 거짓입니다. 그러나 그 거짓을 그대로 놔두고 팽개치면 전혀 안 되는 것이죠. 민주주의를 갈망하는 모든 사람들은 좀더 진지하게 인권문제를 고뇌하는 것이 정도일 것입니다."

박정기

아버지는 현재의 인권상황을 평가할 위치에 있지는 않다고 말한다. 그러나 유가협 사무국장을 오랫동안 지낸, 인권활동가 박래군씨의 최근 구속에 안타까운 심정을 드러냈다. 기력이 떨어진 요즘도 기자들과 만나는 이유는 민주화운동과 인권에 대해 더 많이 알려주고 싶기 때문이다.

"몰라도 너무 모르는 사람과는 대화가 안 되지요. 취재하러 와서 배워 가지고 간 기자가 나중에 다시 찾아와 보충 질문하는 경우도 많습니다. 설혹 내가 거짓이나 뻥튀기를 하더라도 그게 거짓이고 뻥튀기라고 지적할 수 있어야 합니다. 그게 기자입니다."

자신이 잘못 말하더라도 기자라면 그것을 올바르게 재구성할 수 있어야 한다는 설명이다. 아버지는 자녀들이 어릴 때 '십 원은 아끼고 천 원은 쓰라'는 말을 많이 했다. 베풀면서 살라는 의미다. 남을 배려하는 마음을 어릴 때부터 가르쳤으니까 나중에 학생운동한 것 아니냐고 물어봤다.

"혜광고 종철이 동기들이 그래요. '종철이는 비싼 외투를 추운 겨울 걸인에게 벗어 주는 친구였다'고요. 종철이를 비롯한 그 시절 친구들은 대학 가서도 남을 배려하는 착한 심성이 변하지 않았어요. 당시는 학생운동 자체가 많이 힘든 때였지요. 그때 일들이 대부분 정답이었다고 생각합니다."

아버지는 "시대가 그렇게 만들었다"며 아들이 버티고 버티다 최후에 가슴속에 간직한 게 무엇일까 항상 생각한다고 말한다. 현재의 386세대 정치인들에 대해서도 '일부에서는 변했다고 하지만 첫 마음을 계속 갖고 있다고 믿는다'며 애정을 표시한다. 가장 보람 있었던 일을 물어봤다.

"사회운동을 하는 사람들 중에 공동으로 사용할 수 있는 집을 마련한 곳은 유가협밖에 없을 겁니다. 서울 창신동에 27평의 '한울삶'이 그것이지요. 어렵게 확보했기에 큰 보람으로 남아 있습니다. 지방에서 서울 집회를 와도 한곳에 모여 서로 아픔을 나눌 수 있어 좋았습니다."

아버지는 지난 8월 중순 중구 보수동 혜광고를 찾았다. 박종철기념사업회와 혜광고 28기동기회가 공동으로 조성한 장학금을 전달하는 행사다. 등이 굽은 아버지는 아들 후배들에게 장학금을 줬다. 아들이 고문 당한 남영동 대공분실은 이젠 인권센터로 바뀌었다. 아버지는 젊은 세대에게 당부한다.

"좀 더 확실하고 인권신장 되는 사회를 만드는 데 관심을 기울여 줬으면 합니다. 아무리 살기 바쁘고 힘들어도 더 나은 사회를 위한 믿음을 포기해서는 안 될 것입니다. 균형 잡힌 사회가 되기를 희망합니다. 그런 사회를 만드는 게 남은 자의 도리라고 생각합니다."

/

박정기   1928년 부산 기장군 출생. 52년 경남대 경제학과 입학. 54년 부산시 수도국 임용. 87년 1월 14일 박종철 고문치사 사건 발생. 88년 유가협 부회장으로 선출. 89년 2월 박종철기념사업회 창립, 12월 유가협 '한울삶' 입주. 96년 부산 민주항쟁기념관 건립 기금 마련 문화예술인 작품전 개최. 97년 6월민주항쟁 10주년사업 범국민추진위 공동대표. 2015년 9월 7일 『유월의 아버지』 출판 기념회.

©김병집

우리 세대는 파란만장했습니다.
한두 끼 굶는 것은 예사였어요. 험난한 그 시절이
오늘의 풍요를 만들었을 거라고 믿고 삽니다.

참전, 조국에 맡긴 목숨

이만수

대한민국 6 · 25 참전유공자회
부산시지부장

/

"1950년 6월 25일 지리산 토벌작전 도중, 전쟁 발발 소식을 들었습니다. 그날 저녁, 남원에서 화차를 타고 서울로 이동했지요. 26일 아침 용산역에 도착했습니다. 3일치 실탄과 식량을 배급받았지요. 27일 아침 미아리 인근에 호를 파고 하루종일 전투 대기를 했습니다. 그날 밤 북한군과 첫 교전을 했습니다. 28일 오전 9시 후퇴명령이 떨어져 무조건 남쪽으로 뛰었습니다."

이만수 대한민국6 · 25참전유공자회 부산지부장은 한국전쟁 발발 당시 긴박했던 움직임을 담담하게 말했다. 만 19세 때 1사단 15연대 소속 분대장으로 6 · 25에 참전했다. 이 지부장은 낙동강 전투 · 다부동 전투 · 평양탈환 작전 등 한국전쟁 중요 전투에 대부분 참여했다. 동구 초량동 부산보훈회관 사무실에서 이 지부장을 만났다.

"28일엔 벌써 서울 시내를 북한군 탱크가 장악한 뒤였습니다. 한강변은 피란민들로 인산인해였지요. 하루종일 굶고 손가락만 한 오이를 따 먹으며 후퇴를 하는데 15연대는 시흥으로 집결하라는

151 이만수

포스터를 보았습니다. 600여 명이 모였지요. 7월 초 서울 점령 작전을 수행한 뒤 다시 후퇴, 8월 초 경북 칠곡군 다부동에 최후의 방어선을 쳤습니다."

이 지부장은 "다부동을 빼앗기면 전략적으로 대구가 위험하고 전쟁의 승패를 결정짓게 되어 있었다"며 최대한 북한군의 남하를 막는 지연전을 펼쳤다고 설명한다. 전사에 따르면 55일간의 뺏고 빼앗는 고지전 끝에 북한군 2만 4천여 명과 국군·유엔군 1만여 명이 죽거나 다치는 인명피해가 났다. 당시 북한군 주력 3개 사단에 치명적인 패배를 안겨 전세를 역전시키는 발판을 마련했다.

"저는 유학산 밑에 있던 328고지를 맡았는데 15번이나 고지 주인이 바뀌는 혈전이었습니다. 당시 백선엽 사단장은 '여기서 후퇴하면 갈 곳이 없다. 내가 후퇴하면 너희들이 나를 쏘아라'며 독려했지요. 미군과 북한군의 탱크전도 처음 있었습니다."

이 지부장은 9월 중순 인천상륙작전으로 서울을 되찾고 10월 19일 1사단이 선봉으로 평양에 입성했다고 회상한다. "전쟁으로 남아 있는 건물이 없었습니다. 잿더미였어요. 우리 중대는 모란봉 고지를 점령했는데 산 전체가 교통호로 연결되어 있어 인상깊었습니다." 이 지부장은 이후 평안북도 영변을 거쳐 운산까지 진출, 중공군 주력부대와 첫 교전을 했지만 그날 이후 다시 후퇴했다고 전한다.

"교전 중 많은 전우가 죽었습니다. 손실 입으면 보충대가 왔지요. 처음에는 겁도 나고 그랬지만 동료가 죽는 모습에 복수심이 치솟았습니다. 악으로 싸웠지요. 다부동 전투 때 한 전우가 두부손상으로 의식 없이 누워 있는 것을 보고 순간 맥이 확 풀렸던 기억이 아직도 또렷합니다. 부모님과 형제 생각이 가장 많이 났습니다."

51년 1·4 후퇴 뒤 3월 서울을 재수복한 이후엔 임진강을 사이에 두고 북한군과 교착 상태에 빠졌다. 이 지부장은 그해 7월 파주 적성면서 중공군과 전투 중 어깨에 파편을 맞고 대구로 후송됐다. 3개 맞았는데 1개만 제거하고 2개는 아직도 있단다.

이 지부장은 "젊음을 바쳐 나라를 구했다는 자부심에 65년을 버텨 왔다"고 강조한다. 이 지부장은 휴전 직전 갑종간부후보생 65기로 직업군인의 길을 택했다. 의무병과로 월남전도 참전한 뒤 78년 중령으로 전역했다. 그때 나이 47세였다.

"그때는 정년이 너무 빨랐어요. 63년 전방부대에서 차량 전복사고로 허리를 다쳤는데 5개월간 입원했습니다. 6개월 이상 입원하면 진급에 영향을 주기에 완치가 안 됐지만 퇴원을 했지요. 그 후유증으로 오래 걷지를 못합니다. 50년간 훈장처럼 남아 고통을 주고 있습니다. 제대 후 제대로 된 일자리를 구할 수도 없었지요. 몸이 불편해 막노동도 못했습니다. 하루하루 소일하는 게 가장 힘들었습니다."

이 지부장은 상이용사 6급 판정을 받고 상이수당을 받고 있다. 이 지부장은 "전역 후 1남 4녀의 아이들이 학교 다닐 때 여비를 줘본 적이 없다"며 아버지로서 역할을 못해 늘 미안했다고 말한다. 어머님이 포목장사로 생활비를 겨우 벌었다고. 국가에 바라는 것을 물어봤다.

이만수

"사실 국가가 지원하는 6·25 참전명예수당은 2002년에 겨우 생겼습니다. 당시 5만 원이었죠. 매년 1만 원씩 인상돼 지금은 18만 원입니다. 독립된 참전유공자회도 2004년에 설립됐습니다. 왜 이렇게 늦게 생겼는지 모르겠어요. 부산시가 지급하는 참전수당은 월 4만 원으로 다른 지자체에 비해 적습니다."

현재 부산에는 7천여 명이 보훈청에 참전유공자로 등록돼 있다. 이 지부장은 젊은 세대에도 아쉬움을 드러낸다. "일부지만 자유민주주의를 부정하고 북침을 주장하는 것은 있을 수 없습니다. 피로 지킨 나라입니다. 건강한 안보의식을 지녔으면 합니다." 이 지부장은 지난 2001년부터 서울 본회(회장 박희모) 차원에서 전국 학교를 돌며 '6·25 바로알기' 순회교육을 실시하고 있어 그나마 다행이라고 강조한다.

"48년 6월 1일 동네 친구 4명과 국방경비대 창설 멤버로 입대했지요. 훈련 도중 14연대가 반란(여순반란사건)을 일으켜 진압작전을 가기도 했습니다. 그 4명의 친구 중 2명은 전사하고 친구 1명은 중공군에게 포로로 잡혀 만주까지 갔다가 휴전 뒤 포로교환 때 돌아왔습니다. 저도 죽을 고비를 많이 넘겼지요."

이 지부장은 "경제적으로 어렵게 살았지만 아이들이 바르게 자라나 가장 뿌듯하다"고 미소 짓는다. 자식들이 어릴 때 항상 말했다. "자신의 수준에 맞는 생활을 해라. 정직하고 정의롭게, 남을 배려하며 살아야 한다"고. 특히 아들 부부에 대한 자부심이 남다르다.

"아들 부부는 군 창설 이후 첫 장군 부부입니다. 참전용사 아버지로서는 최고의 보람이자 자랑이지요. 아들은 육사를 졸업하고 53사단장(이형석 소장)에, 며느리는 여군사관 나와 지난해 별을 단 뒤 2작전사령부(김귀옥 준장)에 근무하고 있습니다. 아들은 본래 의과대학을 가려고 했지만 경제적으로 어려워서 진로를 바꿨지요. 결과적으로 서로 의지하며 군 생활을 하고 있어 다행입니다."

이 지부장은 화랑무공훈장을 비롯, 월남은성무공훈장·보국훈장3·1장을 받았다. 요즘은 참전유공자회 일을 하느라 활기가 넘친다. 외손자까지 다 모이면 20명이 넘는다. 그걸 바라보면 행복하단다.

"현충일에 묵념하면 1분 동안 그때 생각이 파노라마처럼 지나갑니다. 꽃다운 나이에 스러져 간 전우들 이름 한사람 한사람 불러 보지요. 우리 세대는 파란만장했습니다. 한두 끼 굶는 것은 예사였어요. 지나간 역사로 묻어 버리기에는 너무 안타깝습니다. 험난한 그 시절이 오늘의 풍요를 만들었을 거라고 믿고 싶습니다."

/

이만수 1931년 경남 김해 출생. 48년 6월 국방경비대 자원입대. 50년 6월 25일 한국전쟁 참전, 8월 다부동전투, 10월 19일 평양 탈환 참여. 12월 화랑무공훈장. 53년 11월 소위(갑종간부후보생 65기) 임관. 65년 7월 베트남전 참전. 78년 7월 육군 중령 전역. 2009년 대한민국무공수훈자회 지부장. 2015년 5월 6·25참전유공자회 부산지부장.

이만수

©이재찬

책을 매개로 하는 협동조합은 세계에서
처음이었습니다. 강제 해산된 지 36년 만에
재건하기로 해 감개무량합니다.

부산 민주화운동 산실 복원

최준영

부 산 양 서 협 동 조 합 재 건 준 비 위 원 장

/

"부산 사람에게는 두 개의 자존심이 있습니다. 하나는 유신 독재 체제를 무너뜨린 부마민주항쟁이고 또 하나는 부산양서협동조합을 만든 일이지요. 책을 매개로 하는 협동조합은 세계에서 처음이었습니다. 강제 해산된 지 36년 만에 재건하기로 해 감개무량합니다."

1970년대 말 부산 지역 민주화운동의 산실이자 교육장 역할을 했던 부산양서협동조합. 78년 4월 중구 보수동 책방골목에서 첫걸음을 뗀 양서조합은 한때 조합원이 600명에 육박할 정도로 규모가 커졌지만 부마항쟁 배후로 지목돼 79년 11월 19일 강제 해산됐다. 김형기(당시 중부교회 대학부 교사) 목사와 함께 창립 핵심 인물이었던 최준영 부산양서협동조합 재건준비위원장을 책방골목 인근에서 만났다.

"지난 4월 23일 동구 부산YMCA에서 발기인대회를 열었습니다. 한 60명 참여했지요. 모임 구상은 1년 전부터 했습니다. 지난해 부림사건 무죄 판결로 형사보상금이 나왔는데 그중 일부를 떼 양서조합 재건하는 데 쓰자고 제의했습니다. 맨처음 아이디어를 낸 김

최준영

목사님을 찾아가 설명했더니 흔쾌히 해보자고 하시더군요."

최 위원장은 현재 2천400만 원가량의 발기인 출자금이 모아졌다고 귀띔한다. 출자금은 1계좌 5천 원에 가입비 1만 원으로 정해졌다. 앞으로 9월 창립총회를 거쳐 조합원을 1천 명 모으는 게 1차 목표다. 그 정도 되면 안정 궤도에 진입한다는 소리다. 양서조합은 어떻게 운영될까.

"역시 '좋은 책 읽기 운동'이 핵심일 겁니다. 좋은 음악, 좋은 영화, 좋은 그림 등을 포함하는 문화운동도 병행할 겁니다. 예전처럼 소모임도 만들고 강좌 프로그램도 운영할 겁니다. 물론 아이들이나 성인들을 위한 좋은 책 목록을 꾸준히 선정하고 책을 재미있게 접하도록 유도할 계획입니다."

최 위원장은 북카페 형태의 서점 방식으로 운영할 생각이다. 이 모두가 예전에 다 했던 것이란다. 실제로 78년 양서조합을 시작할 때도 4평 규모의 '협동서점'을 보수동에서 개소(1년 뒤 서라벌호텔 쪽으로 확장·이전했다)했고 매주 1차례 금요세미나를 열었다. 또 노동·도시·농촌 문제 학습 소모임과 함께 일어·중국어·영어 등 어학 학습 모임, 꽃꽂이·사진·연극반 등 취미 모임도 있었다고.

"지금 생각해도 상당히 선진적인 방식이었지요. 양서조합 이용 계층은 대학생·직장인·주부 등 20~30대가 80%를 넘었습니다. 일신산부인과 간호사였던 구성애 씨는 동료 간호사를 상당수 데려와 인상적이었습니다. 김광일·이흥록 변호사 등이 물주 역할을 했지요. 최열 환경운동가·김남주 시인·황석영 소설가 등도 부산 오면 반드시 들렀습니다."

황석영 씨는 술이 한잔 들어가면 허리띠를 풀어 노처럼 저으면서
〈처녀뱃사공〉노래를 신명나게 잘 불렀고 김남주 시인은 시낭송을
하거나 양공주의 애환을 담은 〈순이〉라는 노래를 잘 불렀다고 회상
한다.

최 위원장은 민청학련 사건으로 옥고를 치르고 부산에 내려온 김
목사와의 만남이 양서조합을 만든 계기가 됐다고 밝혔다. 71학번으
로 서울대 공대에 입학한 최 위원장은 74년 입대 뒤 부산 군수사령
부에 배치됐는데 대학 선배 소개로 김 목사를 만났다. 협동조합 운
동에 관심이 많았던 김 목사는 최 위원장에게 '협동조합과 민주화
운동을 결합하면 좋겠다'고 제의, 양서조합 운동을 시작하게 됐다
고 설명한다.

"77년 여름 전역한 뒤 78년 서울로 올라가 4학년에 복학했습니
다. 서울 양서조합을 만드는 데 깊숙이 개입했지요. 특히 서울 지역
출판사마다 다니면서 필요한 책을 구해 부산으로 많이 보냈습니
다. 당시 한길사는 설립 초창기였는데 김언호 대표가 직접 책을 끈
으로 묶어 주기도 했습니다."

최 위원장은 부산 양서조합이 성공을 거두면서 마산(78년 8월 결
성) 대구(78년 9월) 서울(78년 11월) 울산(79년 1월) 광주(79년 3월)
수원(79년 5월) 등 전국적으로 확산되었다고 밝힌다. 당시에는 의
식 있는 대학생이나 지식인들이 만날 수 있는 공간이 극히 제한적
이었는데 양서조합이 사랑방 역할을 했다고 설명한다.

최준영

"양서조합 내 소모임에 부산대·동아대 학생들이 많이 참여했습니다. 77학번이 주축을 이뤘는데 이들이 자연스레 학내 스터디 그룹을 만들고 학생운동의 구심점 역할을 했습니다. 양서조합을 통해 금서도 은밀히 유통됐지요. 신동엽 시인의『신동엽전집』, 조태일·김지하 시인의『국토』『오적』등이 대표적인 것들입니다."

최 위원장은 78년 11월 동방생명(현 삼성생명)에 합격한 뒤 부산 근무를 자원, 79년 다시 부산으로 내려왔다. 그런데 입사 이전인 78년 여름 전주서 열렸던 기독교장로회 청년연합회 전국 수련대회(실제 책임자였다) 일부 문건이 뒤늦게 문제가 돼 중앙정보부에 보름간 연행되는 바람에 회사를 그만두게 됐다. 그 후 81년 부림사건이 발생, 양서조합 핵심 멤버과 함께 구속됐다. 모두 19명이었다.

"부림사건은 부산 지역 활동가가 다 잡혀간 사건입니다. 전두환 정권이 집권 초기 방해 세력을 제거할 목적으로 일으킨 사건이지요. 저는 83년 광복절 특사로 석방된 뒤 86년까지 한국교회사회선교협의회(社宣) 부산지역 총무로 활동하며 부산 인권위원회 설립 지원 등 역할을 했습니다."

최 위원장은 86년 9월 컴퓨터 관련 회사를 창업했다. 90년 부도 뒤엔 교육 사업을 한동안 하다 2007년부터 동북통상이라는 기업체를 운영하고 있다. 사촌 형님의 자동차부품 생산회사 계열사로 이후 경제적으로 많이 안정됐다고 전한다.

"재건되는 양서조합은 상징성을 따지면 보수동 책방 골목 언저리에 개소해야 하는 것이 맞지만 많은 분들이 교통이 불편하고 접근성이 떨어진다는 의견이 많아 서면이나 해운대 쪽도 고려하고 있습니다. 다른 지역으로 가더라도 보수동 책방문화관을 적극 활용, 정체성은 계속 유지할 계획입니다."

최 위원장은 본래 세계협동조합의 날인 2015년 7월 4일 창립총회를 하려 했지만 메르스 때문에 9월 15일로 연기했다고 밝힌다. 창립회원은 150명 전후로 예상한다. 두레의 현대적 재현인 협동조합을 통해 자라나는 세대들이 민주적 토론과 상향식 결정 방식을 배울 수 있을 것이라고 덧붙인다. 최 위원장에 따르면 부산이 원래 한국 협동조합의 성지였다. 신용협동조합(1960년 성가신협), 의료협동조합(1968년 청십자의협) 등이 부산에서 제일 먼저 설립됐다고 전한다.

"약간 비겁했으면 편안하고 무난하게 살아왔을 텐데 굴곡이 좀 많았습니다. 소중했던 인생의 한 부분을 저를 위한 고민보다는 남을 위한 고민을 하며 살았다는 데 보람을 느낍니다. 양서조합을 통해 부산이 지식·정보·교육·문화 분야에서 협동과 상생의 도시가되었으면 합니다. 출판산업에도 활력을 불어넣는 등 선순환 역할을 기대합니다."

/

최준영 1952년 경남 밀양 출생. 초등학교 3학년 때 부산으로 이사. 71년 부산고 졸업, 서울대 공대 응용수학과(나중에 산업공학과로 전과) 입학. 78년 11월 동방생명(현 삼성생명) 입사. 81년 9월 부림사건으로 투옥. 83년 한국교회사회선교협의회 부산지역 총무. 86년 ㈜화일시스템 창업. 95년 ㈜아키정보기술 경영사장 취임. 2007년 동북통상 창업. 2008년 ㈔부산민주항쟁기념사업회 이사.

최준영

©이재찬

아직도 우리 유족을 '좌익'이나 '빨갱이'로 보는
시각이 너무 억울합니다. 왜 죽었는지조차 모르고
살았던 통한의 시절이었습니다.

역사의 진실을 밝힌다

전희구

부산 국민보도연맹
희생자 유족회장

/

7, 8월만 되면 가슴앓이를 하는 사람들이 있다. 부모형제를 잃었지만 65년간 누구한테 하소연도 못했다. 빨갱이로 몰릴까 봐 숨죽이고 살았다. 분단이 낳은 비극이었다. 민주화가 됐지만 아직도 가슴에 묻어 놓고 산다. 보도연맹 유가족들 이야기다.

"1996년 11월, 일본 교토 도시샤(동지사)대학에서 아버지의 특별학위를 받았습니다. 아버지는 한국전쟁 초기 국민보도연맹 사건에 연루돼 의문사하셨습니다. 2차대전 때문에 학업을 마치지 못한 학생들에게 '졸업장'을 수여하는 행사였는데 모두 9명(대만인 1명 포함)이 왔지요. 억울하게 돌아가신 아버지를 생각하니 만감이 교차했습니다."

전희구 부산 국민보도연맹 희생자 유족회장은 당시를 회상하며 눈시울을 붉혔다. 살면서 가장 보람 있었던 일이었다고 한다. 특별학위는 도시샤대에서 96년 여름 한국 일간지에 광고를 내면서 알려졌고 전 회장은 즉시 신청했다. 학적을 확인한 도시샤대 측이 부부동반 경비 일체를 제공하고 초청한 것이다.

"학위수여식에서 아버지를 기억하는 동창을 만나고 젊은 시절 모습을 전해 들었지요. 감격스러웠습니다. 대학 내 윤동주 시비에 묵념을 하면서 아버지의 죽음에 관한 진실을 밝혀야겠다고 다짐했습니다. 어디서, 왜, 누구 손에 죽었는지 말입니다. 돌아가신 할아버지 산소에 특별학위를 바치고 술을 올렸을 때 조금 면목이 섰습니다."

전 회장의 부친은 한국전쟁 발발 당시 부산일보 편집부 차장 겸 문화부 기자로 활동했던 전임수(당시 28세) 씨다. 경남 의령이 고향이다. 조부는 부친을 일본 유학까지 보낼 만큼 깨친 분이었다고 전한다. 전 회장은 35년간 서울에서 공직 생활을 하고 지난 2005년 6월 퇴직했다. 60년 3월 단신으로 서울에 올라가 한 고생은 "말로 표현할 수 없다"는 한마디에 담았다.

"보도연맹 사건은 1950년 한국전쟁 초기 법적 절차 없이 군·경에 의해 저질러진 민간인 살해사건입니다. 보도연맹은 49년 4월 이승만 정권이 좌익 전력자를 전향시켜 관리하고 통제할 목적으로 만든 관변단체지요. 전황이 안 좋아 후퇴하게 되자 적에게 협력할 우려가 있다는 이유로 이들을 집단 처형했습니다. 문제는 자신도 모르게 억울하게 가입한 사람이 대다수라는 겁니다."

전 회장은 "정부가 보도연맹 가입 초기 실적이 저조하다 보니 일선기관을 닦달해 목표를 할당하는 등 문제가 많았다"고 지적한다. 학계서는 가입자가 대략 30만 명이 넘을 것으로 추정한다. 가입자 대부분이 피해를 본 것으로 알려지고 있다.

전 회장은 부친의 죽음에 관해 두 차례 추적했다. 60년대 중반 같이 끌려갔던 한 분을 우여곡절 끝에 만났지만 끝내 말하기를 거부해 포기했던 적이 있었다. 그러다 특별학위를 받고 재추적을 하기 시작했다. 우선 97년 부산일보 서울지사를 방문했다. 거기서 놀라운 단서를 찾았다. 부산일보 50년사에 부친의 사건이 간략하게 기술되어 있었던 것이다. 목차에 '편집차장 고문 받고 절명'이라는 내용이 있더라는 것. 전 회장은 "50년사를 안고 통곡을 했다"고 전한다.

"97년 8월, 부산일보 본사를 찾아갔습니다. 수소문 끝에 그 내용을 처음 밝힌 사람이 부친과 함께 고초를 당하신 김경렬(사건 당시 사회부 기자·95년 작고) 씨인 것을 확인했지요. 여러 경로를 통해 당시 자유민보 기자로 경남도청을 출입했던 원로 언론인 이광우(2003년 작고) 씨를 만나 자세한 증언을 듣게 됐습니다."

전 회장 부친은 소위 부산 지역 '문화공작대' 사건 희생자였다는 것이다. 당시 경찰은 '인민군이 부산에 쳐들어오면 지역 문화예술인들이 협력해서 환영대회를 열 준비를 하고 있었다'는 내용의 각본을 짜고 이를 통해 평소 비협조적인 언론계 인사를 제거하려고 했는데 부산일보·자유민보 기자들을 여기에다 엮었다는 것이다.

"군 부대를 출입하는 자유민보 기자 중 한 명이 군 하사관과 심하게 다퉜다고 합니다. 뒷조사를 하다 보니 보도연맹 가입자인 것을 알고 고문을 통해 조직사건으로 만들었지요. 이광우 씨를 포함한 자유민보 기자 3명, 부산일보 기자 4명을 8월 13~14일 연행했습니다. 아버지는 15일 밤에 사망했다고 합니다."

전희구

나머지 기자 6명은 군법회의에서 모두 사형 구형을 받았으나 당시 무차별 예비검속에 대한 미국 언론의 비판에 이승만 정권이 8월 말부터 '인신 구금·구속은 합법 절차에 의해 실시하라'는 특명을 내려 민간인 검사에게 재조사를 받았고 석 달 후 모두 무혐의 방면됐다.

"진실화해를 위한 과거사정리위원회(진화위)서도 최고명령권자는 기록이 없다는 이유로 규명하지 못했습니다. 다만 주도적 가해자는 CIC(방첩대)와 경찰로 보고 있습니다. 부산의 경우 7월 20일부터 8월 20일 사이 무더기 처형이 이뤄졌다고 합니다. 부산형무소 재소자 4천 명을 포함, 1만여 명이 사망한 것으로 추정됩니다."

부산 지역의 대표적 희생 장소는 사하구 구평동 동매산, 해운대 장산 골짜기, 금정구 회동동, 동래골프장 부근 등 10여 곳으로 알려져 있다. 상당수는 오륙도, 광안리, 다대포 앞바다에 수장된 것으로 추정하고 있다. 전 회장은 "전쟁 당시 대마도 어부들이 그물에 걸린 수많은 시신을 인양, 이즈하라 태평사에 합동무덤을 만들어 놓았다"고 전한다.

"오는 11월 10일 민주공원에서 올해 합동위령제를 개최합니다. 지난 2010년 국가가 공식 사과한 날이지요. 지난 23일엔 부산 유족회 회원 80여 명 중 남은 4명이 국가 상대 희생자 배상 소송에서 대법 최종 승소판결을 받았습니다. 홀가분합니다. 앞으로 유골 안치 시설 및 연구재단 설립 등 진화위가 권고한 5개 항의 성실한 실천이 절실합니다. 부산시 등도 희생 현장 주변 안내 간판 설치 등

후속 조치를 해야 할 것입니다."

전 회장은 4·19 직후 합동묘를 만들었던 부산진구 화지산 정상에 초혼묘를 만들 계획이라고 밝힌다. 유골은 못 찾더라도 무덤은 있어야겠다는 유족들의 뜻에 따른 것이다. 대마도로 흘러간 영혼도 모실 예정이다. 지난 9일(2015년 7월) 영화의전당에서 개봉한 〈레드 툼〉처럼 부산 희생 지역 다큐 제작도 곧 착수한다.

"보도연맹 사건은 국가 위기 상황에서 불가피하게 일어났던 일로 이해하려고 합니다. 그러나 아직도 우리 유족을 '좌익'이나 '빨갱이'로 보는 시각이 너무 억울합니다. 왜 죽었는지조차 모르고 살았던 통한의 시절이었습니다. 진상이 밝혀진 것은 2%에 불과합니다. 추가적인 진실 규명과 유골 발굴에 국가가 앞장서야 할 것입니다. 진정한 국민통합으로 가는 징검다리가 될 것입니다."

/

전희구 1945년 1월 경남 의령 출생. 50년 8월 15일 부친 전임수 씨 사망. 60년 모친·조부 사망. 3월 단신으로 상경. 63년 고졸 검정고시 합격. 69년 공무원 시험 합격. 70년 서울시 9급 임용. 97년 서기관 승진. 국무총리 국무조정실, 구청 생활복지국장. 2004년 방송통신대 행정학과 졸업. 2005년 정년퇴임. 2009년 부산유족회 회장. 95년 대통령표창, 2005년 녹조근정훈장. 2004년 『피어오를 새날』 발간.

전희구

©정대현

그 험난한 시절을 어떻게 견뎠는지 모르겠어요.

자갈치시장은 내 삶의 터전이고

고향 같은 곳입니다.

시 쓰는 자갈치 아지매

한순지

자 갈 치 시 장 1 호 여 성 중 매 인

/

'잠에 깨어 허둥대며 나간다/기다리는 사람도 없는데/세찬 바람 속에 내 몸을 맡긴다/우수수 떨어지는 낙엽을 누르며/서글픈 마음이 가슴 깊은 곳으로 저며 든다/푸르름을 뽐내던 나뭇잎도 변하고/우리 인생과 다를 게 뭣인가…'

시를 쓰는 자갈치 아지매, 한순지 씨의「삶의 길에서」한 구절이다. 그녀는 '사람들 모두가 하얀 눈송이처럼/마음 고우면 얼마나 좋을까'를 소망하고 일흔이 넘었지만 '막 태어난 갓난아이처럼/뾰족히 고개 들고' 세상을 경이롭게 바라보려고 노력한다. '다른 이의 아픔을 헤아려 보려'는 마음도 잃지 않으려 한다. 2009년 이전한 부산 중구 남포동 부영상사에서 한 씨를 만났다.

"시라고 생각하고 쓴 게 아니에요. 그냥 마음이 힘들고 우울할 때 장부 귀퉁이에 끄적거렸던 것을 사람들이 시라고 하더군요. 생활에서 우러나는 대로 썼지요. 읽으면 마음에 위안이 돼 읽고 또 읽고 했습니다. 70~80년대 쓴 것들은 다 잃어버렸고 남아 있는 것은 몇 편 안 돼요."

한 씨는 2004년부터 재부강원도청장년회 권유로 시낭송회에 꾸준히 참여하면서 사람들에게 알려졌다고 쑥스러워한다. 그녀의 삶은 파란만장 그 자체였다. 일제강점기 일본 도쿄에서 태어나 자갈치 1호 여성 중매인으로서 혼자 5남매를 키웠다. 자갈치엔 언제 왔을까.

"61년 결혼하면서 부산 영도로 왔습니다. 남편은 중매인이었고 시어머니는 자갈치 선창가 난장에서 '다라이' 하나 놓고 어패류를 파셨지요. 저는 당시 '남동생 공부시켜 주겠다'는 말만 믿고 시집왔는데 그럴 형편이 아니라는 것을 단박에 알았습니다. 보따리 싸고 돌아가려 했지만 남편이 미안하다고 사정사정 하기에 눌러앉은 게 오늘에 이르게 됐지요."

한 씨는 처녀 때 배운 양재 기술로 영도에서 1~2년 양장점을 운영했지만 63년 시어머니가 돌아가시는 바람에 자갈치 노점을 물려받았고 70년 남편마저 출근길 교통사고로 사망하자 중매인 역할도 떠맡게 됐다고 설명한다. 2남 3녀 '5남매의 엄마'는 그때부터 악착같이 살았다고 회고한다.

"노점한 지는 50년이 넘었고 중매인으로 산 지도 45년 됐습니다. 고생은 이루 말할 수 없을 정도로 했지요. 초창기 가장 힘들었던 것은 바닷물을 바가지로 떠 와서 각종 조개류를 손질하는 것이었습니다. 장갑이나 기구가 없어 맨손으로 깠는데 부풀어서 갈라지고 피가 나는 등 밤에 잠을 못 잘 정도로 아팠지요."

한 씨는 70년대 초 자갈치시장 건물이 완공되자 한 칸 마련해 들어왔다. 무엇보다 물을 마음대로 쓸 수 있었던 것이 가장 좋았다고 웃는다. 냉장고가 없던 시절이라 신선도를 유지하기 위해 개조개·홍합 등 생물 조개류를 망에 넣어 바다에 던져 놓고 쓰던 시절이었다.

"요즘은 오전 1시께 가게로 나옵니다. 경매는 4시 30분 시작하는데 그전에 2~3일 해감 시킨 패류를 저울질해서 박스에 넣어 전국 각지로 납품시키지요. 취급 품목은 20~25가지입니다. 대부분 산지서 직송해 오고 모자란 분량만 경매해 옵니다."

상품은 대형마트나 일반 소매 가게로 보낸다. 부산·경남·서울이 80~90%를 차지한다. 오전 10시께 대충 일이 끝난다. 아이들을 키우면서 힘든 적은 없었을까.

"큰 딸이 아홉 살 때 오빠하고 화살 같은 것을 만들어 놀다가 눈에 꽂힌 적이 있었습니다. 당시 돌볼 사람이 없어 애들을 집에 놔두고 장사하러 나왔다가 점심 때 되면 잠시 집에 가서 챙겨 주고 그랬는데 사고가 난 거지요."

한 씨는 아이를 둘러업고 메리놀병원으로 갔다. 처음엔 한쪽 눈을 뺄 수도 있다는 의사의 말에 눈앞이 캄캄했다고 말한다. "정말 그렇다면 내 눈을 줘야겠다"고 결심한 한 씨는 경매장에서 한쪽 눈을 감고 경매를 해 보기도 했다. 다행히 수술이 성공적으로 끝나 최악의 상황을 모면했다고 밝힌다.

"생각해 보면 자갈치서 장사할 때보다 더 힘들었을 때는 47년 아버지가 돌아가신 이후였어요. 아버지는 일본서 양복점을 했는데 45년 봄 도쿄대공습으로 삶의 터전과 재산을 다 잃자 7월 귀국선

한순지

을 타고 돌아와 외할머니가 계신 여수에 정착했지요. 2년 뒤 화병으로 돌아가셨고 가세는 급격히 기울었습니다."

친정 어머니는 그때부터 온갖 장사를 다하며 생계를 이었고 한 씨도 엄마 고생 안 시키려고 9세 때부터 나무도 해 오면서 집안 살림을 도맡았다. 49년에는 사람들이 무수히 죽는 것을 목격했다. 경찰과 군인 가족은 무조건 죽였다. 여순반란사건이었다.

"6·25가 발발하자 섬으로 피산했지요. 밭일도 하고 조개도 까 보고 해녀들 따라다니며 불도 때 주고 닥치는 대로 일했습니다. 전쟁 뒤 돈 벌러 일본으로 건너간 오빠와 남동생은 공부시켜 준다는 조총련의 말에 속아 북송선을 탔는데 지금까지 못 돌아오고 있습니다."

한 씨는 지난 2005년 적십자사 이산가족 화상 상봉 행사 때 엄마와 함께 오빠와 남동생을 모니터로 봤다고 전한다. 올해 102세인 엄마는 꼭 아들을 만나고 죽겠다며 버티고 계신다. 한 씨는 70년대 초 자갈치시장 봉사단체, 일심회를 만들었다. 오랫동안 회장을 맡으면서 그동안 오순절 평화의 마을 후원, 강원도 양양산불, 광주 눈사태 돕기 등 활발한 활동을 했다.

"2005년 강원도 화천 특공부대 위문 갔을 때가 가장 기억에 남습니다. 자갈치 대표 상품 곰장어를 50~60kg 장만해 가 직접 구워 줬는데 정말 좋아하더라고요. 늙은 우리가 해줄 수 있는 게 많이 먹이는 거 말고 뭐가 있겠어요."

자갈치시장에서 현재 활동하는 중매인은 33명이다. 여성 중매인은 12명이다. 6번 중매인인 한 씨는 하루 보통 200~300만 원 정도 물건을 경매해 온다. 올가을부터는 둘째 아들이 중매인 역할을 물려받는다. 그녀는 현역에서 떠난다.

"아이들이 학교 다닐 때 정말 한 번도 도시락을 싸 준 적이 없었습니다. 꼭두새벽에 나가 일을 해야 되니 엄두가 안 나더라고요. 아직도 가슴에 맺혀 있습니다. 그 아이들이 밝고 건강하게 자란 것이 가장 큰 기쁨입니다."

한 씨는 80년대 후반부터 조금씩 저축해 지금의 가게를 하나 장만했다. 50년대 말 서울서 4개월간 양재학원 다닐 때 흑석동 다다미방 겨울 추위를 아직도 잊지 못한다. 좁쌀 1되로 한 달을 살았던 경험이 이후 삶에 힘이 되었다고 회상한다.

"그 험난한 시절을 어떻게 견뎠는지 모르겠어요. 자갈치시장은 내 삶의 터전이고 고향 같은 곳입니다. 5남매를 먹여 살린 곳이지요. 생각하면 너무 고마운 곳입니다. 남은 세월도 주위 어려운 이웃 생각하며 자갈치 아지매로서 자부심을 갖고 열심히 봉사하며 살겠습니다."

/

한순지 1939년 일본 도쿄 출생. 45년 7월 귀국선 타고 가족 모두 입국, 여수 정착. 49년 여순반란사건 목격, 부역 나가 하루종일 팽이질하고 쌀 1홉씩 수령. 50년대 말~60년대 초 오빠와 남동생 북송선 타고 입북. 64년부터 자갈치서 노점. 70년 남편 교통사고로 사망, 중매인 생활 시작. 일심회 회장으로 IMF 이후 본격 봉사 활동. 98년 부산 중구청장 · 2004년 강원도지사 · 2012년 부산시장 표창장.

한순지

©김병집

60년대 초 항공사진을 보면 연산교차로 부근이
당시에는 산이었습니다. 산은 절반쯤 깎여 있었고
주변은 논밭이었지요.

동래의 옛 사진 수집 25년

이상길

동 래 구 문 화 공 보 과 홍 보 담 당

/

"1980년대 말 구청 창고를 정리하다가 60년대 초 동래지역 항공 사진 3장을 발견했습니다. 온천천 중심 동래구 전경 사진과 연산 교차로, 안락동 주변 사진이었는데 불과 30년밖에 지나지 않은 시 점인데도 너무도 파격적으로 달라진 모습에 전율을 느꼈습니다."

동래구 문화공보과 홍보담당 이상길 씨. 지역에서는 나름 유명인 사다. 동래 지역 옛 사진을 수집하러 다닌 지 벌써 25년이 넘었다. 내년 말 정년퇴임하는 이 씨는 요즘 옛 사진 전시회 개최하랴, 강연 회 다니랴, 각종 지역 축제 준비하랴 정신없이 바쁘다. 인터뷰 도중 에도 심심찮게 전화가 온다.

"항공사진을 보면 연산교차로 부근이 당시에는 산이었습니다. 산은 절반쯤 깎여 있었고 주변은 논밭이었지요. 온천천과 안락동 주변도 대부분 논밭이었습니다. 30년도 안 돼 천지개벽한 셈이지 요. 지금의 동래 모습과 대비, 발전상을 보여 주자고 결심한 게 옛 사진을 모으게 된 계기였습니다."

175   이상길

이 씨는 그때부터 지역 유지 등을 찾아다니며 개인 소장 낡은 앨범을 뒤졌다. 사진이 있는 사람은 사진을 스캔하고 필름이 있는 사람은 필름을 현상하는 등의 방법으로 모았다. 1880년대 이후부터 70~80년대까지 약 100년쯤 되는 시간의 사진이다. 대략 4천여 장이 된다. 지금은 모두 파일로 저장되어 있다.

"당시에는 카메라가 귀했기 때문에 재력가가 아니면 가정에 사진이 많이 없었습니다. 그렇게 해서 금강공원 옛 모습이나 수박밭이었던 온천시장 일대, 세병교 주변 전차가 다니는 언덕길 모습 사진 등을 구했습니다. 원하는 사진을 찾았을 때 기쁨은 말로 표현하기 힘들지요."

사진을 수집하다 보니 사진 수입가들과도 연계가 돼 서로 필요한 것을 바꾸기도 했다. 가끔씩 서울에서 사진 경매가 있을 땐 대신 입찰해 오기도 했다고 전한다. 대부분 일본인이 만든 풍경 엽서였다. 죽을 고비도 있었다.

"한참 사진 구하러 다니던 90년대 초, 친구를 통해 부산시 차원의 지적도면용 촬영을 위해 김해공항에서 소방헬기가 뜬다는 정보를 입수했지요. 무작정 카메라 한 대 구해 가지고 헬기 타러 갔던 적이 있었습니다. 촬영을 위해 헬기 문짝을 다 떼 낸 상태에서 예약된 사람은 안전벨트를 매고 대기했지만 저는 맨몸으로 탔지요. 지금 생각하면 아찔한 순간이었습니다."

이 씨는 계획된 촬영 코스를 마치고 돌아갈 때 금정산성과 마안산을 거쳐 수영비행장으로 가자고 몇 번이나 부탁을 했고 헬기가 막판 그 코스로 갈 때 상체를 헬기 밖으로 내민 채 수십 장을 막 찍었다고 밝힌다. 그때 쓸 만한 항공사진 2~3장을 건졌다. 허가 안 받고 탔다는 이유로 보안대서 5시간 조사까지 받았다. 사진은 물론 다른 데 숨겼다.

"가장 기억에 남는 사진은 2000년대 중반에 찾은, 허물어지기 전 동래성 모습 사진이었습니다. 부산대 사학과 김동철 교수가 소장한 사진이었는데 특히 임진왜란 때 송상현 공이 사망한 곳으로 기록된 정원루 모습도 남아 있어 너무 감격했지요. 현재 동래시장 부근입니다."

이 씨는 같은 지역의 사진을 연대별로 배열해 보면 저절로 스토리가 나온다고 강조한다. 요즘 하는 작업은 수집된 사진 하나하나에 그 당시 사건의 옷을 입히는 일이다. 일제는 1920년대부터 동래부의 역사와 전통성을 말살하기 위한 목적으로 대대적인 토목공사를 시작했다고 전한다.

"우선 동래성과 주변 성곽을 허물지요. 1924년부터 '동래읍내 배수 및 도로 정비'라는 명목하에 동래부동헌 앞으로 길을 내는 등 바둑판처럼 도로를 개설했습니다. 성곽을 허물고 낸 도로가 해운대까지 연결된 지금의 충렬로입니다. 그곳에 살던 사람들은 마안산과 복천동 산동네로 쫓겨나 움막을 짓고 살았습니다."

이 씨의 입에서는 동래 지역의 옛이야기가 끝도 없이 쏟아져 나온다. 사진을 모으면서 발견한 역사의식이 지역에 대한 애정으로 변해 있었다. 금정구와 연제구가 분구할 때 그에게 오라고 스카우트

177   이상길

제의도 많이 했지만 결국 가지 않았던 것은 동래부의 중심은 동래구라는 인식 때문이었다. 승진 기회도 수차례 놓쳤다.

"당시에는 사진 수집에 미쳐 있었기 때문에 다른 곳엔 눈 돌릴 여유가 없었습니다. 요즘은 퇴직을 앞두고 머릿속에 저장된 이야기를 글로 옮기는 작업과 수집한 사진 파일을 체계적으로 분류하는 작업에 집중하고 있습니다. 자칫 잘못하다가는 사장될 우려가 있겠더라고요."

이 씨는 지난 1월부터 동래구보에 '옛 사진·사료에서 본 근대 동래이야기'를 연재하고 있다. 동래시장의 역사, 온천천 이야기, 동래성 해체와 동래민중의 항거 등 다양한 내용이다. 사진 자료와 함께 당시 사건을 흥미진진하게 그려내고 있다.

"메가마트 인근 수안교차로 일대가 예전엔 물이 많았던 미나리꽝(미나리 밭)이었다면 상상이 안 되지요. 현 농심호텔과 허심청 앞에 나룻배가 다니던 거대한 호수가 있었다면 믿을 수 있을까요. 부산시청 자리가 예전 53사단 자리라는 것도 사진을 통해 확인할 수 있지요."

이 씨는 지난 94년에 발간한 『사진으로 본 동래 백년』에 이어 내년에 동래 120년사를 발간할 계획이다. 새로 발견한 사진과 스토리를 150~200쪽 가량 테마별로 간추려 편찬한다. 올해부터는 지역 사회단체의 강의 요청도 마다하지 않는다. 동래부동헌 마당에서는 〈동래성·동래장터 옛 모습 사진 전시〉를 상설로 하고 있다.

"대학이나 각종 연구원 등에서 연락이 자주 옵니다. 대개 논문 관련 자료 때문인데 제 수집 사진이 도움이 된다고 할 때 가장 보람이 크지요. 엄마들도 자녀 숙제로 구청으로 많이 찾아옵니다. 몸은 고돼도 같이 나누는 즐거움이 커 힘든 것도 모르고 살았습니다."

이 씨는 사진 수집하다 동래아리랑 음원도 찾아내 최근 가사를 확인하는 성과도 거뒀다. 일제강점기 때 징용으로 끌려간 님을 애타게 그리는 내용의 가사다. 지난 9~11일(2015년 10월) 동래읍성 역사축제 첫날 '동래아리랑 되돌아왔다' 공포식 뒤 뮤직 영상물도 선보였다. 이와 함께 최초의 근대학교로 추정되는 '동래무예학교'의 흔적을 찾는 데도 마음을 쏟고 있다.

"요즘 젊은 세대들은 옛날 것에 관심이 적습니다. 사진과 고문서, 삽화 자료를 그냥 놔두고 퇴임하면 다 없어질 겁니다. 잘 정리해 외장 하드디스크에 담아 전해 주려고 합니다. 볼 때마다 새로운 것이 옛날 사진이지요. 근대 동래 지역의 역사를 더 풍성하게 하는 데 도움이 되고 싶은 게 제 바람입니다."

/

이상길   1956년 부산 출생. 80년 7월 공무원 임용 이후 동래구청 총무과·문화공보과에서만 35년째 근무. 94년 동래변천 100년 화보집 발간. 96년 동래 옛 생활상 사료 수집 전시회. 2000년 3월부터 관내 초등·중학교서 내 고장 바로 알기 순회 전시회. 2005년 동래를 빛낸 인물 전시회. 2008년 유물로 본 임진왜란 동래성 전투 전시회. 2015년 HCN부산방송 출연 및 동래여성인력개발센터 등 강의 다수.

이상길

©김병집

학생들에게 지역 역사를 가르치려는데
교과서에 관련 내용이 없는 겁니다.
서울 중심·국가 중심의 서술 체계가 문제였던 거죠.

부산 향토사 연구 60년

주영택

가 마 골 향 토 역 사 연 구 원   원 장

/

"초등학교 시절, 단군신화와 고주몽 이야기 등 우리 역사가 너무 재미있었습니다. 어머니와 함께 동래장터 가다 안락동 길거리에 나란히 서 있는 비석 7기도 호기심을 불러일으켰지요. 1950년 중학교 1학년 때 다짐을 했습니다. 지역 역사를 공부해 나중에 고향에 대한 책을 쓰겠다고요. 60여 년이 흘러 해운대 이야기 책 서너 권을 발간했으니 약속을 지킨 셈이죠."

부산 향토사 연구에 평생을 바친 주영택 가마골향토역사연구원 원장. 역사 이야기가 나오자 얼굴이 환해진다. 주 원장은 현장 조사를 많이 다니기로 유명하다. 금정산도 600번 넘게 오르내렸다. 발품을 팔아 역사의 흔적을 확인하는 것이다. 정통 코스를 밟은 사학자로서 자부심이 크다. 지난해(2014년) 12월 이사한 금정구 부산대 후문 옆 벽산아파트 '바위 비석공원'에서 주 원장을 만났다.

"아파트 내에 있는 '금정산성 부설비'라는 이 비석도 저와 인연이 있습니다. 2008년 아파트 건립 당시 시공사가 비석을 옮기려고 했는데 언론에서 이 문제를 기사화할 때 제가 옮기면 안 되는 중요한 비석이라고 조언한 적이 있었지요. 시공사 측도 이를 이해하고 단지 내 공원으로 조성했습니다."

주 원장은 역사는 멀리 있는 게 아니라는 것을 보여 준다. 주변에 흔히 볼 수 있는 우리의 옛것을 소중히 다루면 그것이 바로 역사가 된다는 것이다. 금정산성 부설비는 1808년 금정산성을 대대적으로 보수한 사실을 기념하기 위해 세운 비석이다. 자연석 받침대에 새겨진 81명의 명단은 단군제를 지냈던 인근 소정마을 계모임 회원이라는 사실도 밝혀냈다. 최근 집중하는 작업은 뭘까.

"지난 10년간 조선시대 옛길인 영남대로의 마지막 구간 황산도 (동래~밀양 길) 흔적을 찾았습니다. 비석 10기를 발견, 황산도 16개 역 중 동래부 관내 휴산·소산역 2개 역을 확인하는 성과를 얻었지요. 요즘은 동래에서 울산 가는 길을 탐색하고 있습니다. 남산동 하정마을부터 철마면 송정리까지죠. 송정리는 동래부에 온 손님을 전송하는 곳으로 '送亭'이라고 씁니다. 옛 도로를 찾다 보니 지명 유래와 딸린 이야기도 얻게 됩니다."

주 원장은 그동안 『가마골 역사 이야기』 『금정이야기』 등 10여 권의 책을 펴냈다. 곧 『부산 전승설화』도 발간된다. 정관 월내서 가덕도까지 부산 전역 설화를 모은 두번 째 책이다. 지난 4월부터는 해운대 지역의 덜 알려진 이야기를 『예술 부산』에 연재하고 있다. 지역 관광해설사 등 각종 모임에서 강연이나 답사 동행 의뢰도 꽤 많다. 그 많은 이야기는 어떻게 수집했을까.

"젊을 때부터 모은 이야기 조각이 한 500여 편 됩니다. 삼국유사 등 책에서도 찾고 직접 채록한 것, 남이 채록한 것 등 다양하게 있지요. 이런 기초 사료를 가지고 계속 검증 작업을 해 왔습니다. 시대적으로 맞는지, 앞뒤 논리는 옳은지 등을 살펴본 뒤 현장에 가 자연 환경도 덧붙이고 어르신 이야기도 첨가해 이야기를 완성하지요. 그렇게 해서 한 200편 정도를 설화집 세 권에 담았습니다."

주 원장은 4~5줄에 불과한 이야기 조각이 여러 단계 검증을 거쳐 한 편의 이야기로 완성될 때 뿌듯하다고 말한다. 그런 자료가 대학 노트 200권, 수첩 100여 권에 담겨 있고 현장 탐사 때마다 찍은 사진도 2만여 장 있다고 밝힌다.

"부산대 사학과 2학년 때인 1957년, 니콘 카메라를 한 대 샀습니다. 답사 갈 때마다 조금씩 찍다가 교편 생활하면서 본격적으로 사진을 찍기 시작했지요. 학생들에게 지역 역사를 가르치려는데 교과서에 관련 내용이 없는 겁니다. 임진왜란 하면 동래성전투, 부산진전투 등을 설명해야 하는데 방법이 없었지요. 서울 중심·국가 중심의 서술 체계가 문제였던 거죠."

주 원장은 '지역을 알아야 아이들에게 이야기해 줄 수 있겠구나' 하는 생각으로 현장을 찾아 기록하기 시작했다. 그 시절 찍은 수많은 사진들이 이후 책을 펴내거나 강연을 할 때 생생한 자료 역할을 했다. 덕분에 지역에서 인정받는 향토학 전문가가 될 수 있었다.

"35년 교사 생활 기간, 50분 수업하면 항상 10분 정도 할애해 부산 등 지역의 역사 이야기를 해 줬습니다. 소풍 갈 때면 유적지 관련 이야기를 미리 학생들에게 들려주고 유인물도 작성, 학교 전체

주영택

에 돌리기도 했지요. 89년부터 25년 넘게 토곡 교육연수원에서 향토사 강의를 하게 된 것도 이런 열정 때문일 겁니다."

주 원장은 2000년 2월 정년 퇴임 뒤 설립한 가마골향토역사연구원 15주년을 맞아 올해(2015년)부터 도서 기증 등 나눔의 행보를 본격화하고 있다. 부산상공회의소, 부산대 도서관·기록관, 동래구·금정구 작은도서관 등에 소장했던 책을 수십 권에서 수백 권씩 기증했다.

29일 개관한 동래읍성도서관에는 책 300권 외에 관련 자료가 담긴 스크랩북 50여 권도 같이 기증했다. 이전에 동백중과 화명고에 나눠 준 책을 다 합하면 2천여 권 넘게 기증한 셈이다.

"부산대에는 제가 정말 아끼는 책을 몽땅 기증했습니다. 이병도 박사 등 국내 최고 사학자 모임인 진단학회가 1958년 발간한 한국사 6권을 비롯, 김정학 교수의 한국고고학(일어판) 등 중요한 책도 포함되어 있지요. 제가 가진 지식과 그 밖의 모든 자료를 이제는 사회와 공유하려고 합니다."

주 원장은 "가끔씩 글을 쓰다 제가 기증한 책이 필요할 때 부산대 도서관 가서 되레 빌려 보기도 한다"며 웃는다. 도서관 측에 '부산 향토사 코너' 제안도 했다. 부산의 역사·문화·미술 관련 도서를 한곳에 모아 놓는 것도 괜찮을 것이란다. 향토사 연구하면서 언제 가장 보람 있었을까.

"장산에서 이산(李山) 표석 20개를 찾은 것과 금정산성 방어 사찰이었던 해월사 터를 발견했을 때지요. 이산 표석은 조선시대 봉산(封山·국가가 관리하던 산)이었던 장산이 일제의 1918년 산림조사 때 주인 없는 산으로 분류되었다가 나중에 창덕궁 소유로 확인되었는데 그 경계선에 심어 놓았던 것입니다. 당시엔 세상을 다 얻은 기분이었습니다."

주 원장은 현재 논란이 되고 있는 역사교과서 문제에 대해서도 간명한 답을 냈다. "역사라는 것은 끊임없이 답사나 발굴 등 검증을 통해 잘못된 것을 수정해야 하는 것"이라며 바람직한 방향으로 역사 교과서 문제가 해결되기를 바란다고 강조한다.

"단재 신채호는 '역사를 잊은 민족은 미래가 없다'고 말했습니다. 그만큼 역사가 중요하다는 거지요. 역사를 모르면 시행착오를 반드시 겪는다는 것입니다. 학생들에게 항상 강조합니다. 최고보다는 최선을 다하는 사람이 되라고요. 최고의 길은 자칫 결과만 따지기 때문에 샛길과 편법의 유혹에 빠지게 됩니다. 역사는, 과정을 즐기는 삶이 행복한 삶이라고 가르쳐 주고 있습니다."

/

주영택   1938년 부산 해운대 출생. 60년 부산대 사학과 졸업. 65년 울산 온양초등 첫 부임. 80년 감만중 근무. 91년 경성대 교육대학원 석사. 2000년 2월 동백중 교장 퇴임, 가마골향토역사연구원장. 97~2010년 부산시시사편찬위원. 89~2013년 부산교원연수원 정시강사. 2008년 국사편찬위원회 사료조사위원. 86년 국무총리 표창. 2000년 녹조근정훈장. 2004년 해운대구민 애향대상.

주영택

©강원태

선한 동기로 봉사활동을 하면 아름다운 결실을
맺는다는 것을 믿고 지금껏 살아왔습니다.

부산 노인복지 개척자

황영근

/

대부분의 사람들은 어느 정도 성공을 하면 기부나 봉사를 생각한다. 어려울 때 남을 돕는다는 것은 쉽지 않다. 자칫 오해도 생길 수 있다. 황영근 부산비둘기노인대학장 겸 부산시실버예술단 단장은 주변 시선을 의식하지 않고 봉사를 해 왔다. 20대 초반 연탄공장 직공으로 일하면서 틈만 나면 경로당을 찾았다. 라면이나 빵, 하다못해 사탕 한 봉지라도 사 들고 방문해 말벗이 돼 준 것이다.

황 학장은 부산 첫 노인대학을 1975년 사비를 털어 설립했다. 78년엔 부산비둘기할머니합창단(현재 부산실버합창단)을 창단했다. 79년부터 시작한 합창단 발표회는 올해로 37회를 맞았다. 2005년엔 실버예술단도 만들었다. 매월 한 차례씩 도시철도 서면역에서 공연을 한다. 부산 노인복지 개척자인 황 학장을 부산시민회관에서 만났다.

"40년 전 비둘기노인대학 문을 열자 어르신들이 정말 구름처럼 몰려왔지요. 45명으로 시작한 수강생이 6개월도 안 돼 150여 명으로 불어났습니다. 범일동(당시엔 좌천3동) 매축지 동사무소 2층 새마을회관을 빌려 운영했는데 앉을 자리가 없을 정도였습니다. 여름

187

황영근

에는 창문도 떼 내고 복도에서 수업을 들을 정도로 인기가 많았지요. 보고 즐길 게 없던 시절이라서 그랬을 겁니다."

비둘기노인대학은 올해 40돌을 맞았다. 당시를 회상하는 황 학장의 얼굴에 자부심과 그리움이 묻어 있다. 인생에서 가장 황홀한 시절이었다. 황 학장은 찢어지게 가난한 청소년 시절을 보냈다. 먹을 것이 없어 굶기를 예사로 했다.

"15세 때 전남 광양에서 부산 범일동 매축지로 이사 왔습니다. 도회지로 오면 살길이 있지 않을까 하고 무작정 온 거지요. 아버지는 생활력이 부족했습니다. 저도 '아이스케키' 장사·석탄부두 지겟일 등 닥치는 대로 하며 돈을 벌었습니다. 당시 동네에 노인들이 많았는데 왠지 쓸쓸해 보였지요. 나도 저렇게 늙을 텐테 하는 생각이 자주 들었습니다. 어떻게 사는지 항상 궁금했습니다."

황 학장은 68년 집 근처 보림연탄 공장에 취직하게 되면서 수입이 일정하게 생기게 되자 주변 경로당을 찾기 시작했다. "일이 없는 오후나 일요일에 간식거리를 사 들고 가면 할머니·할아버지들이 너무 좋아했다"고 전한다. 그렇게 방문한 경로당과 양로원이 20여 곳 된다. 노인대학은 어떻게 만들 생각을 했을까.

"경로당·양로원을 한 6~7년 다니다 보니까 노인들의 안 좋은 버릇이 눈에 보이기 시작했습니다. 대부분 노는 것, 공짜로 받는 것, 구경하는 것을 좋아하더군요. 무작정 드리는 것이 안 좋겠다는 생각이 들었습니다. 때마침 생긴 주부대학을 보고 힌트를 얻었죠. 노인대학을 만들어 보자. 체계적인 교육을 통해 자부심을 갖고 여

생을 보낼 수 있도록 변화시켜 봐야겠다고 마음먹었습니다."

황 학장은 비둘기노인대학이라는 이름을 붙인 뒷이야기도 살짝 귀띔한다. 황 학장은 당시 인근 성남초등학교에 해마다 1인당 1만 원씩 10명에게 장학금을 전달하고 있었다. 중학교에 못 가는 학생이 많던 시절이었다. 비둘기장학회였다. 노인대학을 하게 되면서 5년간 해 왔던 장학회를 중단하게 되었는데 그 아쉬움에 비둘기라는 이름을 그대로 옮겼다고 전한다.

"연탄공장 월급에서 조금씩 모았다가 진학 시기가 되면 학교 측에 전달했습니다. 공장 사람들은 다 미쳤다고 했지요. 월세방 사는 주제에 거금을 장학금으로 준다고요. 제가 못 배우고 어렵게 자랐기 때문에 도와주고 싶었습니다."

황 학장은 초창기 비둘기노인대학에는 동구 지역 노인뿐만 아니라 멀리 송정이나 서구 등 부산 전역에서 다 모였다고 전한다. 시민회관이나 가톨릭센터 등에서 〈장수만세〉 등 방송 녹화도 하고 부산 패션협회 지원하에 어르신 패션쇼를 개최하기도 했다. 이를 계기로 언론에서도 노인문제에 관심을 갖고 비중 있게 다루기 시작했다고 밝힌다.

"요즘도 마찬가지지만 노인대학은 재미가 없으면 안 옵니다. 동장·구청장·경찰서장 등 기관장을 초청, 다양한 정보와 현안을 강연하기도 하고 유행가나 민요, 동요 등 노래교실도 여니 인기가 많았지요. 특히 구경을 많이 시켜 줬던 것이 주효했던 것 같습니다. 동명목재, 송월타올, 남양어망 등 지역 기업부터 방송국, 어린이대

황영근

공원 등 수시로 견학을 갔지요."

황 학장은 지역 사회 봉사도 많이 다녔다. 거리 청소는 물론 자성대 공원서 풀도 뽑고 자연보호 캠페인도 하는 등 노인도 사회에 기여할 수 있다는 자부심을 심어 줬다. 노인대학이 성황을 이루자 황 학장은 76년부터 해마다 부산시민회관에서 대규모로 비둘기 1일 노인대학을 개최했다. 그것도 올해로 40년째다. 부산 전역에서 2천 명 넘게 참석했다고 한다.

"노인대학 어르신을 모시고 한 번씩 동래 신망애양로원을 방문하는 이벤트도 특별했지요. 집에서 모두 도시락을 두 개씩 준비해 와 양로원 노인들과 마주 앉아 먹었는데 어떤 어르신은 용돈을 슬며시 건네기도 했습니다. 날씨가 좋을 때는 식물원 뒤 숲 속에 가서 보물찾기도 하고 노래도 부르면서 서로 위로하는 시간을 가졌는데 활짝 웃으시던 어르신들이 눈에 선합니다."

황 학장은 74년 결혼했다. 그런데 신혼여행을 신망애양로원으로 가는 바람에 직장 동료·친지들로부터 정말 구박을 많이 받았다고 전한다. 결혼식 전날 떡과 과일 등 위문품을 한가득 양로원에 보내 놓고 첫날밤을 거기서 보낸 것이다.

"가장 고마웠던 분을 꼽으라면 보림연탄 심창우 사장님이지요. 제가 노인대학을 설립했다는 것을 듣고 현장에서 근무하면 노인대학 운영을 마음껏 못 한다고 사무실로 발령을 내 주셨습니다. 또 행사 때마다 항상 지원해 주셨지요. 거절한 적이 한 번도 없었습니다. 그분의 후원이 없었다면 과연 노인대학을 계속했을지 의문이 많이 듭니다."

황 학장은 매축지에서 55년을 살았다. 큰 불평 하지 않았던 아내에게 월급봉투를 제대로 주지 못한 것이 미안했다고 말한다. 수입이 나면 대부분 노인대학 운영비로 써 버렸기 때문이다. 생활비는 음식 솜씨가 남다른 아내가 식당을 운영해 보충했다. 황 학장은 기회가 된다면 개인박물관을 만들고 싶다고 밝힌다. 노인대학 관련 40년 자료가 일목요연하게 정리돼 있단다.

"어릴 때는 많이 이해해 주던 자식들이 커 가면서 아버지를 이해 못 해 줄 때 약간 섭섭하기도 합니다. 더 많은 어르신들을 도와주지 못한 게 아쉬움으로 남지요. 누가 말하더군요. '시작은 선으로, 진행은 진실하게, 결과는 아름다워야 한다'고요. 선한 동기로 봉사 활동을 하면 아름다운 결실을 맺는다는 것을 믿고 지금껏 살아왔습니다."

/

황영근 1945년 전남 광양 출생. 59년 부산 동구 매축지로 이사. 67년 금성고 야간반 졸업. 68년 보림연탄 취업. 70년대 초 성남초등학교 장학금 전달. 74년 결혼. 75년 5월 부산비둘기노인대학 설립. 78년 부산비둘기할머니합창단 창단. 2005년 부산광역시실버예술단 창단. 2014년 부산가톨릭대 평생교육원 외래교수. 76년 삼성문화재단 효행상. 77년 국무총리상. 88년 동구애향대상. 89년 부산시장상.

후원도 자원봉사!

두레문화
후원자들
운영되는

월 1,000원, 2,000
월 10,000
월 50

자원 봉사
어떻게 하냐고요?

한 주에 한 번? 한 달에 한 번?
같은 시간대에 같이 활동할 수 있는
친구, 가족, 직장동료 등 가까운 사람들과
자원봉사 모임을 만들어 오세요.

순간순간 행복하기 때문에 오늘까지 해 왔던 것
같습니다. 물론 주저앉고 싶을 때도, 사람에게
상처를 받을 때도 많지요.

행복한 자원봉사 32년

한민정

두 레 문 화 원 원 장

/

　자원봉사자가 자기 할 일을 스스로 정하는 곳, 마음에 맞는 사람
끼리 봉사 팀을 만들 수 있는 곳, 100% 후원자에 의해 움직이는 곳,
자원봉사의 새로운 지평을 모색하는 곳, 바로 부산 동래구 온천동
두레문화원이다. 그곳에서 한민정 원장을 만났다.

　한 원장은 자원봉사 경력이 32년이다. 83년 대학 새내기 때 우연
히 시작한 야학이 삶을 흔들어 놓았다. 교육학과를 전공했지만 '학
교 밖 교사'가 되기로 작정했다. 자원봉사를 왔던 장애인 봉사자와
1999년 결혼했다. 결혼 1개월 뒤 첫 주례도 섰다. 90년대 초 청십자
도서원 시절 만난 학생이 신부를 데리고 와 부탁을 했다. 학생 부모
도 간청하기에 승낙하고 말았다. 35세 때 일이다.

　"대부분 봉사단체는 봉사 내용에 맞춰 자원봉사자를 모집합니
다. 두레문화원은 그 방식을 바꾸었습니다. 자원봉사자가 마음에
맞는 사람과 팀을 만들어 오면 교육과 토론을 통해 어떤 봉사를 할
것인지를 구체화시키는 것이지요. 봉사자 위주의 자발적인 자원봉
사 팀이 되도록 도와 주는 역할을 맡고 있습니다. 문화원은 일종의
자원봉사자 교육기관인 셈이지요."

한 원장은 30년 동안 장애인이나 독거노인 등 취약계층에 대한 봉사와 초·중·고교생 등을 대상으로 한 자원봉사 교육을 꾸준히 해 왔다. 두레문화원 활동도 여기서 벗어나지 않는다. 매달 1~2회 시행하는 무료급식과 반찬 나눔 봉사, 장애인 가족여행이 그것이다. 여기에 해마다 자원봉사자 캠프를 개최하고 격월로 소식지 발간과 발송 작업을 한다.

"문화원의 모든 활동은 봉사 팀이 알아서 합니다. 예를 들면 무료급식 팀이나 반찬 나눔 팀의 경우 어떤 음식을 할 것인지, 메뉴 선정부터 장보기, 조리, 배식 방법까지 스스로 정하지요. 준비 기간을 거쳐 2년 전부터 완전히 팀제로 전환했습니다. 현재 7개 팀이 활동하고 있고 준비 중인 팀도 3~4개 정도 됩니다."

현재 예비 팀은 또래 상담이나 또래 공부방, 교통문제 조사반 등 운영을 계획하고 있다. 그동안 교육과 토론을 통해 봉사 내용을 어느 정도 조율한 상태다. 또래 공부방 팀의 경우 대상자 선정과 공부 장소, 가르치는 내용 등이 최종 결정되면 당장 새학기부터 시작할 수 있을 것이라고 귀띔한다.

"팀별 자원봉사자 교육은 대개 6개월~1년 남짓 걸립니다. 처음에는 무엇을 해야 할지 백지 상태에서 아이들이 오는 경우가 대부분이지요. 토론을 통해 우리 사회가 필요로 하는 봉사는 무엇이며 어떤 역할을 할 수 있으며 무엇을 하고 싶은지 마음속에서 구체적으로 끄집어내는 것이지요. 그것을 '오래 꾸준히' 하도록 도와주는 것이 문화원의 역할입니다."

"초창기에는 항상 돈에 쪼들렸습니다. 그래서 아이디어를 낸 게 '보물창고' 제도입니다. 두레문화원만의 독특한 시스템이지요. 96년부터 장애인 이동봉사 활동을 본격적으로 했습니다. 돈이 많이 들어 후원제도를 처음 만들었습니다. 그전에는 도서대여점 수익금으로 운영을 했지요. 후원자 중 500만 원 이상 목돈을 무이자로 기탁하겠다는 사람을 모아 '이사 위탁금'을 조성했습니다. 한 4천만~5천만 원 정도 됩니다."

한 원장은 "현재 매달 300만 원 정도의 일반 후원금이 들어오는데 예산에 맞춰 쓰더라도 한 번씩 목돈이 필요하다든지, 불가피하게 돈이 모자랄 때가 있다. 그때 이 보물창고서 빌려 쓴다"고 설명한다. 남한테 아쉬운 소리 안 하고 쓸 수 있는 쌈짓돈이자 안정적 운영의 큰 버팀목이라고 덧붙인다.

두레문화원은 현재 등록 후원자가 2천 명이 넘는다. 부산과 타지인 비율은 50 대 50 정도다. 오랫동안 봉사단체를 운영하다 하다 보니 전국에서 후원금이 온다. 한 원장은 "1호 후원자인 성삼환 부산구치소 교도관은 20년 가까이 활동한 모범 후원자"라며 지금은 가족 모두 후원자 명부에 이름이 올라 있다고 치켜세운다.

"커다란 돼지 저금통을 보내 주시는 분도 세 분 계십니다. 그중에 한 분은 대리운전을 하시는데 동전이 다 모이면 낮에 퀵서비스로 저금통을 보내 주시지요. 예전에 자원봉사 활동도 하셨는데 여건이 안 되자 후원자가 되신 분입니다. 매번 받을 때마다 감사하지요."

한 원장은 "요즘은 도움을 받던 분들이 자원봉사도, 후원도 하는

한민정

경우가 많다"고 강조한다. 무료급식이나 반찬 봉사를 받으시던 분이 봉사를 하는 경우가 많다. 일부 독거노인이나 생활보호대상자들은 자신의 보조금 일부를 떼 후원하기도 한다고 전한다. 초등생들도 용돈을 아껴 후원한다. 그래서 후원금은 1천 원부터 30만 원까지 다양하다.

"순간순간 행복하기 때문에 오늘까지 해 왔던 것 같습니다. 물론 주저앉고 싶을 때도, 사람에게 상처를 받을 때도 많지요. 그래도 사람들의 온기를 느끼는 때가 더 많기에 여기까지 왔습니다. 함께 살아간다는 것, 이 순간 같이 있다는 것만으로도 감사하고 힘이 될 때가 많습니다."

한 원장은 늘 혼자서 헤쳐 왔다. 지역에 뿌리 내린 작은 봉사를 지향했다. 예전엔 버스를 전세 내 장애인 여행봉사를 했지만 이제는 승합차나 승용차에 봉사자와 함께 친한 이들만 한두 명 타고 가는 장애인 가족 여행을 선호한다. 지자체에 보조금 신청도 가급적 하지 않는다. 용도에 맞게 쓰는 게 힘들단다. 재래전통시장에서 아낀 돈을 더 필요한 곳에 쓰고 싶지만 그럴 수 없는 것도 이유 중 하나다.

"83년 수영교차로 부근 광안야학서 교사로 봉사하다 부름의 전화 창설, 청십자도서원 운영, 소록도 방문단 창립 등을 거쳐 92년 남구 용호동서 두레문화원을 개소했습니다. 사재를 다 털었지요. 지역민 대상 한글교실과 광안야학(수영에 있었는데 장소가 없어서 옮겼다), 도서대여점 운영이 주요 활동이었습니다."

한 원장은 89년부터 7~8년 동안 실시한 소록도 봉사가 인상 깊었다고 전한다. 대학생과 일반인을 대상으로 한 해 100명씩 뽑아 소록도를 갔는데 신문 모집광고를 내는 것부터 차량 섭외까지 모든 일을 도맡았다고 한다. 청십자도서원 시절도 활기 넘쳤다. 거기서 만난 학생들이 나중에 두레문화원 봉사자와 후원자가 되는 등 평생 동료가 됐다고 회상한다.

"99년 온천동으로 이전한 뒤 자원봉사 교육에 더 매달렸습니다. 많은 자원봉사자 씨앗이 두레문화원에서 퍼져 나가길 바랍니다. 자기 입장에서만 봉사의 의미를 생각하던 아이들이 점차 봉사 받는 사람의 입장과 처지를 고려하는 쪽으로 변해 갈 때 보람을 느끼지요. 조금씩 세상을 변화시키는 아름다운 봉사자가 많이 배출되기를 희망합니다."

한민정 1964년 부산 출생. 83년 대학 교육학과 입학, 광안야학 시작. 87년 장애인 인력 봉사단체 '부름의 전화' 개소. 89년 부산 소록도 봉사단 창립. 90년 청십자 도서원 단독 운영. 92년 용호동 두레문화원 개원. 96년 차량 지원 자원봉사자와 장애인 이동봉사 활동 본격화. 99년 결혼 뒤 온천동으로 두레문화원 이전. 2010년 독거노인 등 취약계층 봉사 주력. 90년 이후 각급 학교·청소년 단체 등 자원봉사 교육 300여 차례 실시.

한민정

사랑하고 용서하며 떠나야 서로 힘이 됩니다.
고맙다고 말하고 세상과 이별하는 환자들을 볼 때
가장 큰 보람을 느낍니다.

행복한 이별

김미자

부산대병원 호스피스
자원봉사자 회장

/

    삶의 끝자락에 서 있는 말기암 환자들은 외롭다. 수시로 찾아오는 극심한 통증 속에 마음은 하루에도 수십 번 바뀐다. 희망을 가져야 하나, 이젠 정말 포기해야 하나…. 결정이 쉽지 않다. 그런데 시간이 없다. 곁에서 지켜보는 가족들의 고통도 만만치 않다. 내려놓지 못하고 떠나는 삶은 안타깝다.

    호스피스 완화의료가 주목받고 있다. 2015년 7월 15일부터 건강보험이 적용됐다. 호스피스는 사실상 완치가 어려운 환자가 인간으로서의 존엄성을 지키며 살다가 평안하게 죽음을 맞이할 수 있도록 위로하고 보살피는 의료적 도움이다. 남은 가족도 슬픔을 잘 견디며 일상에 복귀할 수 있도록 도와준다. 부산대병원 암센터 별관 호스피스 병동에서 김미자 자원봉사자 회장을 만났다. 지난 1999년부터 17년째 봉사 활동을 해 왔다.

    "말기암 환자 대부분은 마음을 터놓고 이야기할 상대를 가장 필요로 합니다. 정서적 교감을 나눌 대상 말이지요. 통증은 이곳에서 어느 정도 잡을 수 있지만 내적 응어리를 푸는 것이 대부분 쉽지 않

김미자

더라고요. '하필 내가 왜…'라는 감정에서 빠져나오지 못하시는 분도 많습니다. 가족과의 대화를 통해 정리할 수 있다면 가장 좋겠지만 경황이 없어 쉽지 않은 부분도 많지요."

김 회장은 "특히 가정에 충실하지 못했던 환자나 다른 갈등이 있었던 경우 서로 화해를 해야 하는데 그런 과정 없이 죽음을 맞이하는 경우를 볼 때 너무 안타깝다"며 목욕이나 안마, 기저귀 갈기 등 육체 케어에 못지않게 심적으로도 도움을 주려고 노력한다고 강조한다. 그러다 보면 가족보다 더 속 깊은 이야기를 나누는 사이가 되기도 한다고.

"자원봉사를 시작한 첫해 만났던 21세의 청년을 잊지 못합니다. 잘생긴 외모에 애인도 가끔 문병 오던 청년이었는데 림프샘 암이었지요. 허벅지 안쪽에 생긴 커다란 암덩어리 때문에 다리를 펴지도 굽히지도 못할 정도로 힘들어했습니다. 화가 나면 암덩어리가 빳빳해져 더 고통스러워했지요."

김 회장은 "당시에 저는 무서운 것을 몰랐다"며 침대에 올라가 암덩어리를 살살 쓰다듬어 주면 빳빳하던 게 풀어졌고 환자는 그제야 편안하게 잠을 자더라는 것. 서울서 식당일 하며 한 번씩 오는 엄마 걱정을 가장 많이 했고 애인이 떠날까 봐 마음 졸였다. 7개월간 보살폈는데 임종까지 봤다.

"마지막 날, 다른 병실 갔다가 기분이 이상해 그 청년 병실을 찾아가 보니 잠을 자고 있었어요. 손을 꼭 잡으니까 눈을 뜨더니 '아줌마…' 라고 말하더군요. 제가 '그래, 잘 있었나' 했는데 그 말과 동시에 눈이 돌아가더니 혼수상태에 빠져 사망하고 말았습니다. 너무 가슴이 아파 청년 어머니에게는 좋은 데 갔을 겁니다. 말해 놓고는 저는 계단에 가서 펑펑 울었던 기억이 아직도 납니다."

그 청년은 처음엔 낫겠다는 생각으로 왔는데 죽기 한 달 전에야 "아줌마, 저는 이제 가는 거예요"라고 말하며 마음을 비우더라고 전한다. 김 회장은 호스피스 봉사자가 가장 힘든 때는 희망적인 이야기를 하면 안 된다는 점이라고 덧붙인다. 또 환자에게 관심을 많이 두지 말라고 교육을 받았는데 그땐 초기라서 너무 정이 들어 몇 개월간 가슴앓이를 했다고 고백한다.

"또 사랑의 마음을 서로 확인하고 마지막 길을 떠난 애틋한 부부도 있었습니다. 70대 남자 환자분을 깨끗이 면도해 드리고 '아내에게 사랑한다고 말해 보세요'라고 권유하자 처음엔 쑥스러워하더니 나중에 '나, 니 사랑한다' 하고 퉁명스럽게 말했지요. 나중에 사별 가족 모임에서 그 아내가 그때 사랑한다고 말을 해 준 게 너무 좋았다며 살아가는 데 정말 힘이 된다고 말하더군요."

김 회장은 아내 얼굴 한 번 더 보려고 통증 주사를 미루는 남편을 볼 때, 말기암 환자면서 소변줄을 차고 호스피스 봉사자 교육을 받던 40대 남성 환자의 긍정적인 태도 등에서 많은 감동을 받았다고 전한다. 호스피스 교육을 받게 된 계기를 물어봤다.

"사실은 제 딸도 열한 살 때인 91년 세상을 떠났습니다. 소풍 갔다가 올챙이 잡는다고 개울가에 신발 벗고 들어갔는데 유행성출혈열에 감염됐지요. 한동안 우울증이 와 집에만 있으니까 근처 새마

김미자

을부녀회에 나가 보라는 남편의 말에 그때부터 이것저것 봉사하다 호스피스 활동도 하게 됐습니다."

김 회장은 매주 월요일 4시간씩 호스피스 봉사를 한다. 그 외에도 북구 지역 난타 모임인 '호호예술단'을 비롯, 여성민방위 자원봉사대. 지신밟기 보존회, 덕천동 홀로어린르신 돕기 등 모임이 10개가 넘는다. 슬픔을 잊기 위해 하나둘 참여하다 보니 그렇게 됐다고 말한다.

"요즘 가족에게 너무 미안하다는 생각이 듭니다. 결혼해 서울서 살고 있는 아들이 클 때 많이 챙겨 주지 못했습니다. 개인택시를 하는 남편은 '봉사하더라도 아프지만 말고 하라'고 말합니다. 예전에는 죽는다는 것이 무서웠지만 이젠 자연의 순리로 받아들입니다. 모든 봉사자가 마찬가지겠지만 욕심도 많이 없어졌어요. 여기 오면 제가 제일 행복한 사람이라는 것을 깨닫습니다."

"부산대병원 호스피스 자원봉사자는 75명이며 월~토요일 하루 7~9명씩 오전 · 오후 조를 짜 봉사활동을 한다"고 설명한다. 호스피스 교육은 매년 3월 기초교육과 10월 심화교육이 있는데 모두 이수해야 정식 자원봉사자가 된다. 97년 이전엔 기독교 · 불교 · 천주교 등 종교별로 활동했다. 부산엔 보건복지부 지정 부산대병원 · 부산성모병원을 비롯, 7곳 정도의 완화의료기관이 있다.

"맨 처음 호스피스 교육을 받을 때 유언쓰기 시간이 있었습니다. 유언을 쓰려고 남편에게, 아들에게, 라고 적어 놓고 펑펑 울었던 기억이 납니다. 이제 곧 죽는다는데 무슨 말을 어떻게 해야 할지 모르겠더라고요. 저를 되돌아보고 말기암 환자들을 이해할 수 있는 계기가 됐지요."

부산대병원은 현재 27개 호스피스 병상을 운영하고 있다. 말기암 환자는 '일당 정액' 수가가 적용돼 5% 정도만 부담하면 된다. 약제비와 치료비, 병실료, 간병비 등 하루 20~30만 원 정도 드는데 1~2만 원만 내면 되는 셈이다. 무의미한 고가의 검사와 항암제 투여보다는 통증·오심·욕창 치료 등 완화의료에 초점을 맞추는 것이다.

"요즘 호스피스 병동에 오시는 환자들은 1주일이 채 안 돼 돌아가시는 분이 많습니다. 막판까지 치료하다 뒤늦게 오시는 분이 많다는 뜻이지요. 그러다 보면 환자들이 천대 아닌 천대를 받기도 합니다. 긴 병에 효자 없다고, 서로 지치지요. 사랑하고 용서하며 떠나야 서로 힘이 됩니다. 고맙다고 말하고 세상과 이별하는 환자를 볼 때 가장 큰 보람을 느낍니다."

/

김미자 1960년 경남 의령 출생. 3세 때 부산 이주. 91년 큰딸 유행성출혈열로 사망. 이후 북구 새마을부녀회를 시작으로 여성민방위 자원봉사대 고문, 화명의용소방대원, 지신밟기보존회 총무, 여성연합회 부회장, 덕천동 홀로어르신 모임 부회장, 호호예술단(난타) 홍보부장 등 10여 곳 봉사 활동. 99년 호스피스 자원봉사자 교육 수료. 행정안전부장관·부산광역시장·대한적십자사 부산지회장 표창 등 다수 수상.

김미자

4부

사직 여신

©김경현

사직구장이 세상에서 가장 큰 노래방이라고
하잖아요. 다시 한번 팬들과 함께
'부산갈매기'를 목이 터지도록 부르고 싶어요.

<u>사직 여신</u>

박기량

롯데 자이언츠 치어리더

/

야구의 계절이 돌아왔다. 야구 팬들은 3월 말이 되면 설렌다. 프로야구 6개월의 대장정이 시작되기 때문이다. 그녀들도 돌아왔다. 사직야구장의 꽃들이다. 기쁨과 슬픔, 환희와 좌절을 함께하는 치어리더들이다. '국민 치어리더' 박기량 씨도 돌아왔다. 올해(2015년)는 더욱더 기다렸다.

"지난 주말 사직 개막전 때 팬들이 너무 많이 와서 정말 감동했어요. 옛날 생각이 많이 났지요. 주말마다 사직구장을 꽉꽉 채우던 그 시절요. 얼마만인지 모르겠어요. 팬들의 응원 덕택에 2연전을 승리한 것 같아요. 올해는 꼭 가을야구를 했으면 좋겠어요."

지난달 30일(2015년 3월) 사직구장서 박기량 씨를 만났다. 그녀는 지난해엔 너무 슬펐다고 말한다. 여러가지 사건이 겹치면서 관중 수가 급격히 줄었다고. 개막 첫날 안 떨릴 줄 알았는데 매진되어 꽉 찬 관중석을 보니 자신도 모르게 떨렸다고 전한다. 올해 롯데 자이언츠의 캐치프레이즈는 '리스타트(Restart) 2015'다. 불미스러운 일을 잊고 다시 뛰자는 의미란다.

"사직구장이 세상에서 가장 큰 노래방이라고 하잖아요. 다시 한 번 팬들과 함께 〈부산갈매기〉를 목이 터지도록 부르고 싶어요. 함께 부를 수 있는 노래가 있어 좋아요. 〈부산갈매기〉는 부를 때마다 달라요. 소름 끼치도록 기분 좋게 부를 때도 있지만 플레이오프 등에서 질 땐 같이 울며 부른 적도 있어요. 선수와 팬, 저희들이 하나가 되는 올 시즌이 되었으면 좋겠어요."

박기량 씨는 롯데에 대한 애정을 숨기지 않았다. 치어리더에 대한 자부심도 크다. 자신이 잘해야 후배들이 더 좋은 환경에서 일할 수 있다는 사명감도 갖고 있다. 치어리더로선 처음으로 톱스타만 찍는다는 주류광고 모델로 발탁도 됐다. 화보도 찍는다. 하루하루가 경험해 보지 못한 신세계라며 즐거워한다.

"고등학교 2학년 여름, 길거리 캐스팅이 됐어요. 처음엔 치어리더가 뭔지도 몰랐어요. 연습실에 한번 오라 해서 갔는데 그날 춤추던 팀장 언니가 너무 멋있었어요. 어릴 때부터 춤추는 것을 되게 좋아했거든요."

박기량 씨는 공짜로 춤을 배울 수 있다는 점이 가장 좋았다고 한다. 중·고등학교 시절 장기자랑 시간이면 매번 안무를 짜서 친구들과 함께 춤추는 것을 즐겼다고 한다. 그때부터 학교 마치면 서면 연습실로 가 하루 5시간 이상 춤을 췄다. 밥 먹을 시간도 아까워 빵과 딸기우유로 저녁을 많이 때웠다. 곧바로 프로농구 울산 모비스 경기에 투입됐다. 17세부터 치어리더 생활이 시작됐다. 우월한 '기력지'가 치어리더로서 유리한 조건이었다고. 동작이 시원시원하고 커 멀리 있는 관중들에게도 어필이 잘됐다고 한다. 롯데엔 언제 왔을까.

"2009년 아는 언니가 사직야구장에서 치어리더를 하고 있어서 놀러 갔는데 정말 재미있게 보였어요. 특히 팬들과 혼연일체가 돼 응원하는 것을 보니 소름이 돋을 지경이었지요. 그래서 그 언니한 테 부탁해 롯데에서 활동하게 됐어요."

박기량 씨는 그때 지금의 소속사 RS컴퍼니로 옮겼다고 한다. 이전 소속사는 당시엔 겨울 스포츠만 했다고. '사직 여신'이 탄생한 배경이다. 광적인 거인 팬과 열정적인 그녀의 춤이 어우러져 치어리더계에 신화를 쓰기 시작한 셈이다. 운 좋게도 롯데는 2009~2012년 4년 연속 가을야구를 하는 행운을 얻었다. 그녀의 주가도 따라 올라갔다. 부모님의 반대는 없었을까.

"아버지는 승무원이 되기를 원하셨죠. 치어리더에 대한 인식도 좋지 않았고 제대로 된 직업으로 자리 잡지 못하던 시절이었잖아요. 고교와 대학 졸업 때 두 번 마찰이 있었습니다. 또 저러다가 힘들면 그만두겠지 하는 마음도 있었대요. 그런데 제가 치어리더 생활을 너무 좋아하고 즐기니까 제 뜻대로 하라고 놔두셨는데 지금은 정말 만족하시고 자랑스러워하셔요."

박기량 씨는 2011년 만 20세 때 국내 최연소 팀장이 됐다. 그녀는 부담이 엄청됐다고 고백한다. 주변에서는 너무 어린데 할 수 있겠느냐는 걱정도 많이 했다고. 연애도 안 하고 '일-집-일-집'만 오가는 생활을 했다고 한다. 자연히 친구들과 멀어진 게 조금 아쉽다고 한다. 가장 힘들 때는 언제일까.

박기량

"시즌이 바뀔 때죠. 지금요. 프로농구 모비스는 챔프전에 진출해 있고 프로야구가 시작되는 이 시기요. 한두 달 전에 안무 등을 미리 짜 놓고 연습도 해 두지만 경기가 겹칠 때는 역시 힘들어요. 부산서 야구 응원하고 울산 넘어가서 농구 응원해야 돼요. 팀장 되고 나서는 힘들어도 내색을 못 하겠더라고요."

워낙 긍정적인 성격의 박기량 씨도 한 번씩 경기장에서나 집에서 눈물이 갑자기 왈칵 쏟아질 때가 있다고 고백한다. 그럴 때면 혜민 스님의 '누구를 닮아 가려고 하지 마라. 오직 나 하나를 만들어라' 라는 말에 위안을 받는단다. 자신의 길을 사랑하며 살기로 했다는 설명이다. 특히 늦게 들어가도 항상 반겨 주는, 2년 전 분양 받은 강아지 '몽몽이'도 큰 위로가 된다고 덧붙인다.

"최근에 대학생을 대상으로 강의를 한 적이 있어요. 꿈에 대한 확신이 없는 시절이잖아요. 저도 그랬으니까요. 서툰 강의를 앞에서 정말 열심히 귀 기울여 준 한 여학생이 강의가 마친 뒤 안아 달라고 하더라고요. 꼭 껴안아 주니까 최선을 다해 일을 하는 게 정말 멋지다고 말해 줬어요. 감동 받았어요. 더 열심히 제 일을 사랑하며 살아야겠구나, 깨닫는 계기가 됐지요."

박기량 씨는 치어리더로서 예능에도 출연하고 주류광고도 찍고 유명잡지 화보도 찍는 요즘이 너무나 감사하다고 말한다. 식당에 들어가 자신이 있는 달력을 보면 아직도 신기하다고. 특히 3월 초 나온 글로벌 한류매거진 『K-wave』 화보 촬영은 새로운 경험이었다고. 표지모델은 아니었지만 톱스타 송승헌 · 김희선 씨 등과 어깨를 나란히 할 수 있어 흐뭇했다고 한다.

"광고 등 섭외가 들어오면 엄청 열심히 해요. 저를 찾아 주신 분들을 실망시키고 싶지 않아서요. 그런데 요즘은 생각이 많아져요. 30대가 되면 치어리더를 계속하기 어려워요. 춤만 춰서 그런지 할 줄 아는 게 없어요. 앞으로는 영어도 배우고 연기 · 방송일 · 쇼핑몰 운영 등 다른 분야도 경험해 보고 싶어요."

박기량 씨는 방송에 나가도 보여 줄 개인기 없어 난감할 때가 많았다고. "끼가 없나 봐요" 하며 웃는다. 올해 목표는 개인기 하나 만드는 거란다. 치어리더를 시작하는 후배들에게는 화려한 겉모습만 보고 들어온다면 한 달도 못 버틸 거라고 조언한다. 생각보다 일이 고되다는 것. 더 단단하게 준비하라고 당부한다.

"치어리더에 대한 선입견을 없애고 인식을 개선시키는 데 도움이 되고 싶어요. 한 건당 페이제로 일하는 현 시스템을 월급제로 만들고 싶은 게 소망이에요. 더 안정적인 직업이 되면 좋겠어요. 후배들이 저보다는 조금 더 좋은 환경에서 일하도록 하고 싶어요. 제가 더 열심히 하는 이유지요."

●덧붙이는 글: 박기량 씨는 2016년 6월 〈허슬〉〈홈집〉 등 4곡이 수록된 미니앨범 〈Lucky Charm〉을 발표하고, 7월 중 동료 치어리더와 자선콘서트를 진행할 예정이다.

/

박기량　1991년 2월 18일 부산 출생. 키 170cm 몸무게 48kg. 대연정보고 · 동의과학대 항공운항과 졸업. 형제는 열여섯 살 차이 나는 여동생('언니 파이팅' 하는 그림 그려줄 때 너무 예쁘다). 혈액형 AB형. 좋아하는 음식 파스타, 노래 〈거위의 꿈〉. 노래방 애창곡 〈이럴 거면〉. 주량 소주 1병 반. 감명 깊게 읽은 책 혜민스님 『멈추면 비로소 보이는 것들』. 생각나는 선생님 고3 때 양원갑 선생님(일과 학업을 병행하던 시절 힘든 나를 잡아준 선생님, 고맙습니다~).

©정대현

여자 비뇨기과 의사가 성 관련 칼럼을 쓴다니까
처음엔 대부분 호기심에서 봤겠죠.

위풍당당 비뇨기과 여의사

이경미

부 산 의 료 원   비 교 기 과   과 장

/

"여자 비뇨기과 의사가 성(性) 관련 칼럼을 쓴다니까 처음엔 대부분 호기심에서 봤겠죠. 그런데 에두르지 않는 직접적인 표현에다 '카더라 통신'이 아닌 의학적 근거를 바탕으로 실제 사례를 많이 인용해 설명하니 더 좋아했던 것 같습니다. 물론 재미있는 비유를 적절히 가미, 감초 역할을 한 것도 주효했을 겁니다."

2008년 3월부터 2014년 2월까지 6년간 부산일보에 매주 한차례 '위풍당당 성교실'을 연재해 큰 인기를 끌었던 이경미 부산의료원 비뇨기과 과장. 부산 지역 여성 비뇨기과 전문의 1호다. 최근 칼럼을 재구성한 책『착각하는 남자, 고민하는 여자』를 발간했다. '그녀의 신음소리는 100% 진심일까'라는 도발적인 부제가 붙어 있다. 연제구 부산의료원 비뇨기과 진료실에서 그녀를 만났다. 웃음 소리가 유쾌하다.

"남한테 말하기 부끄러워 그냥 속앓이만 했는데 제 칼럼을 읽고 '자기 이야기'라며 용기를 내 찾아오는 어르신들이 초창기엔 많았습니다. 외음부 가려움증·성생활 중 배뇨문제 등 실례를 든 칼럼

213

이경미

이 나갔을 때는 예외없이 관련 질환을 갖고 있는 환자들이 몰려왔지요. 대부분 병이라고 생각하지 못했는데 치료를 통해 호전된다니까 찾아왔다고 그러더군요."

이 과장은 "그동안 우리 사회는 성에 대해 드러내 놓고 말하기보다 참고 숨기며 피해 왔던 게 현실"이라며 그러다 보니 환자들은 그저 민간 속설에 의존하게 되고 병을 키우는 사례가 종종 있었다고 강조한다. 환자들이 잘못 알고 있거나 오해하고 있는 것들을 제대로 알려야겠다는 생각에서 칼럼을 쓰게 됐다고 설명한다. 인기가 제일 많았던 칼럼을 물어봤다.

"60대 이상 환자 분들이 많아서 그런지 '행복한 성생활, 나이는 숫자일 뿐' '나는 죽을 때까지 섹스하고 싶다' 등 노년층의 성생활에 대한 글이 반향이 컸습니다. 용기를 얻었다고 팬레터를 보내시는 분도 계셨지요. 4회에 걸쳐 성 강좌도 개최했는데 신문 칼럼을 책으로 만들어 와 사인을 받아 가기도 했습니다."

이 과장은 솔직한 내용과 참신한 비유가 장수 칼럼이 된 이유일 거라고 나름대로 분석한다. KTX로 빗댄 혼자 질주하는 남성을 비롯해 '양은냄비 남자, 뚝배기 여자' '애무가 의무가 될 때' '이율배반적인 오르가즘' '여자의 그곳도 윤활유가 필요하다' '365일 색(色) 다르게' 등이 그런 칼럼이다. 남성 환자는 얼마나 올까.

"남녀 환자의 비율은 50대 50입니다. 보통 남성 환자가 70~80% 정도를 차지하는 것에 비하면 저에게는 여성 환자가 많이 오는 편이지요. 우리 사회가 아직도 비뇨기과는 남성들이 가는 곳이라는 인식이 강합니다. 여성들은 비뇨기과 질환을 앓아도 대부분 산부인과를 가거나 참는 경우가 많지요. 사각지대에서 방치되는 여성 환자를 보면 안타까울 때가 많습니다."

이 과장은 고령화 시대가 될수록 비뇨기과에 대한 수요가 급증할 것으로 전망한다. 여성 비뇨기과 의사가 더 필요하다는 얘기다. 남성은 전립선 비대증, 요로결석, 성기능 장애 순으로 비뇨기과를 많이 찾고 여성은 방광염, 과민성 방광, 복압성 요실금 순으로 많이 찾는다고. 생명을 위협하는 것은 아니지만 삶의 질을 떨어뜨리는 질환이라고 설명한다.

"요즘 의과대학을 보면 비뇨기과 지원율이 가장 낮습니다. 10년 전 제가 다닐 때만 해도 경쟁률이 높았는데 이젠 개업해 봐야 돈이 안 된다는 인식이 팽배해 있습니다. 비아그라 출시가 한 원인이라고 하더군요. 학회서는 수가를 올리려고 하지만 쉽지는 않지요. 비뇨기과 의사가 부족한 시대가 곧 올 겁니다."

이 과장은 본래 정신과 의사가 되고 싶어 의대를 지원했다고 말한다. 중·고교 시절, 사람의 심리를 다루는 추리소설을 굉장히 좋아했는데 그 영향을 받았다고. 그런데 막상 실습을 돌다 보니 병실 환경이나 치료 과정이 오래 걸리는 등 적성에 맞지 않았다고 한다. 대신 비뇨기과라는 학문에 끌렸단다. 일단 재미가 있었고 치료 성과가 빨리 나타나는 게 흥미진진했다고.

"결정적인 이유가 또 있었죠. 의대 3학년 때 실습을 도는데 수많은 여자 환자를 다 남자 의사가 진료하는 거예요. 왜 여의사는 한

이경미

명도 없을까 의아했습니다. 한번 도전해 보자 결심했지요. 당시엔 비뇨기과 여의사가 전국에 4명밖에 없던 시절이었습니다. 2005년 전문의 자격증을 취득했습니다."

현재 부산엔 전문의 2명, 레지던트 1명이 있다. 비뇨기과 여의사는 3명인 셈이다. 전국적으로는 30여 명이다. 초창기 레지던트 시절엔 남성 환자들이 진료를 거부하는 해프닝도 있었다고 회상한다. 전립선 비대증 환자의 초음파 검사를 위해 기계를 항문으로 넣어야 하는데 여의사라고 거부해 검사를 못한 경우도 있었다고 말한다.

"그땐 또 응급실 당직만 서면 하필 지속발기 환자가 많이 와서 너무 힘들었습니다. 비아그라 출시 전이었는데 보통 발기부전 주사 치료제 부작용으로 오는 경우지요. 참다 참다 보통 새벽 2시께 병원으로 오는데 피를 빼야 조직이 괴사하지 않습니다. 그러다 보면 날밤 새는 경우가 많이 있었습니다."

이 과장은 2007년 부산의료원 과장으로 처음 부임했을 때도 어려움이 좀 있었다고 말한다. 주로 남성 환자들이 진료실에 들어왔다가 여자 의사를 보고는 잘못 들어왔나 다시 나가 확인하는 경우가 많았단다. "부모님은 비뇨기과 지원에 대해 '네가 현명하게 선택했을 거라고 믿는다'며 제 의견을 존중해 줬지요. 의대 동기인 남편과 친구들도 잘할 거 같다는 반응이었어요. 성격이 털털하고 쿨해서 그런가 봐요." 이젠 호기심보다는 실력으로 인정받는 전문의가 되고 싶다고 강조한다.

"수십 년째 질 탈출증으로 고통받아 온 70대 할머니가 제 이야기를 들은 뒤 용기를 내 진료와 수술을 받고 눈물을 흘리며 고맙다고 할 때 가장 보람 있었습니다. 반면 선천성 기형으로 인한 방광기능장애로 평생 고통받아야 하는 환자에게 더 나아질 수 없다고 말해야 할 때 정말 안타까웠지요."

이 과장은 여성도 이젠 성적인 자립이 필요하다고 말한다. '침실의 합주는 안단테로 하세요'라는 멋진 말로 표현한다. "우선 각자가 맡은 파트를 완벽하게 마스터한 이후에 박자·음색·강약을 맞춰가야 아름다운 합주가 된다"는 설명이다.

"여성도 어떤 때 흥분하고 기분이 좋은가에 대해 주도적으로 알아야 합니다. 내 몸인데 너무 당연한 거 아닌가요. 남편 위주로 끌려가는 것은 바람직하지 않습니다. 그녀의 신음소리는 진심이 아닌 경우가 많지요. 자기 몸에 대해 알고 남편과 소통하며 둘이 맞춰가야 건강한 성생활은 물론 삶의 활력도 따라올 겁니다."

/

이경미 1975년 인천 출생. 2000년 부산대 의과대학 졸업. 2005년 비뇨기과 전문의 취득. 2005년 부산대병원 재활센터 근무. 2007년 2월 부산대 비뇨기과 박사, 3월 부산의료원 비뇨기과 과장 부임. 2009~2010년 '위풍당당 명품 성강좌' 강의. 2011년 신라대 대학원 성의학 강의. 2013년 부산의대 겸임교수. 2014~2015년 MBN 〈황금알〉 KBS 〈아침마당〉 등 출연. 2015년 『착각하는 남자, 고민하는 여자』 출간.

이경미

©강원태

퇴근길 제 목소리를 듣고 기분이 좋아졌다고 할 때
가장 흐뭇합니다.

백만 불짜리 웃음

김지현

부 산 교 통 방 송 M C

/

"'퇴근길 제 목소리를 듣고 기분이 좋아졌다고 할 때 가장 흐뭇합니다. 항상 에너지 넘치는 씩씩한 목소리로 진행하려고 노력합니다. 리포터 시절 잠깐 연결됐을 때 빠른 시간 내에 인상적으로 전달하려던 습관이 남아 있어서 그런가 봐요. 웃을 때도 남자처럼 호탕하게 웃습니다. 이젠 '백만 불짜리 웃음'이라고 예뻐해 주시니 너무 고맙지요."

부산교통방송(TBN)에서 월~금요일 오후 6~8시 프라임 타임 공동 진행을 맡고 있는 김지현 씨. 그녀는 언제나 활력이 넘친다. 친구에게 수다 떨듯이 방송한다. 리포터로 들어와 진행자가 됐다. 유일하다. 극단 전위무대에 선 지도 꼭 20년 됐다. 많았을 땐 한 달에 20개도 넘었던 행사 사회로 '부산 행사의 여왕'으로 불리기도 했다. TBN 스튜디오에서 김 씨를 만났다.

"맨 처음엔 부산MBC 라디오 리포터로 시작했습니다. 1995년이었지요. 당시 대학 내 가요제에서 금상을 받았는데 〈별밤〉이나 〈한밤의 디스크쇼〉 등에서 출연 요청이 자주 왔었습니다. 1일 디제이도 하고 공개방송에도 나갔지요. 그러다 리포터를 한번 해 보라는 권유에 도전했는데 덜컥 걸려 방송인의 길로 들어서게 됐습니다."

그녀는 스스로를 '무대 체질'이라고 강조한다. 마이크를 잡으면 세상을 다 가진 것 같은 기분이 든단다. 많은 사람 앞에서 자신을 표현하는 것에서 희열을 느낀다. 사람들의 반응을 즐기는 것이다. 그런 김 씨도 첫 방송을 잊지 못한다. 꼼꼼하지만 간혹 '허당기'가 있다. 호된 신고식을 치렀다.

"〈57분 교통정보〉라는 프로그램인데 2시간 펑크를 낸 거예요. 신입 리포터니까 사람들이 많이 안 듣는 휴일 방송에 배정됐었지요. 그런데 방송 당일 아침에 일어나 평소 일요일 습관처럼 아무 생각 없이 목욕탕엘 간 겁니다. 돌아와 보니 난리가 났더군요. 허겁지겁 방송국으로 가 나머지 시간대 방송을 했습니다."

출발은 삐끗했지만 도로 정보를 전달하는 것이 생각보다 재미있었다고 전한다.

"경찰청 CCTV를 보면서 남보다 공부를 더 많이 했습니다. 모니터를 계속 보다 보니 출퇴근 시간 차가 밀리는 패턴이 눈에 들어오고 모니터 밖 도로 연결 과정 등이 보이기 시작하더라고요. 새로 도로가 생기면 현장답사도 꼭 했습니다. 짧은 구간보다는 전체적인 큰 그림을 이야기해 주면 더 좋겠다는 생각이 들어 부산 전체 도로 지도를 머릿속에 완벽하게 입력했지요."

김 씨는 2001년 부산교통방송으로 옮긴 뒤 확실한 전문가로 거

듭나게 됐다고 말한다. 그 계기는 2004년께 문자판 도입으로 시작된 쌍방향 교통정보 방송이었다고. 실시간 문자 질문에 대한 답변을 하는 것이었다.

"당시 차를 타고 가는 운전자가 가장 빠른 경로를 생방송 중 문자로 질문하면 실시간으로 분석·판단해 답변해 줄 수 있는 사람이 저밖에 없다고 소문이 났었어요. 모니터를 돌려 보며 즉시 안 막히는 경로를 말해 줬지요. 출근길 담당 PD가 진행 리포터를 해 보라고 권유해서 〈김지현의 맞춤형 교통정보〉라는 코너를 맡았는데 대박이 났습니다."

이후 서울에서도 추석이나 명절 때 '맞춤형 교통정보' 코너를 시행하는 등 전국적으로 확대됐다. 결국 프라임 타임 메인 MC로 성장하게됐다고 설명한다. 기회를 잡은 셈이다. 연극은 어떻게 하게 됐을까.

"부산MBC 리포터 입사 첫해, 1세대 연극배우이신 전성환 선생님이 방송국 PD로 계셨는데 어느 날 연극 한번 해 보라고 권유하셨지요. '해 본 적이 없는데 제가 할 수 있을까요' 했더니 내일부터 나오라고 해서 다음 날 바로 전위무대로 가 연습했습니다. 젊어서 그랬는지 새로운 것에 대한 두려움보다 설렘이 더 컸던 것 같습니다."

김 씨는 그동안 15편 남짓 연극에 출연했다. 지난 5월(2015년)에는 〈신의 아그네스〉를 올렸다. 거기서 여배우의 로망이라는 아그네스 수녀 역을 열연했다. 이 공연은 부산시의원을 지낸, 초창기 전위무대 단원이었던 송순임 씨가 30년 만에 원장 수녀 역으로 컴백해화제를 모으기도 했다. 연습 기간이 1한 달 보름으로 턱없이 짧았

김지현

고 불면증에 시달릴 만큼 중압감이 큰 작품이었지만 만원 객석으로 큰 위로를 받았던 무대였다고 밝힌다.

김 씨는 2000년 초반부터 각종 단체나 모임의 사회를 많이 맡았다. 자신의 실질적인 수입원이라고 귀띔한다. 초기엔 주로 작은 역할이 주어졌지만 열정과 순발력으로 도약의 기회가 왔을 때 그것을 놓치지 않았다.

"10여 년 전 경남 모 지자체 문화 행사 때 시스템 오류로 전원이 나가 마이크가 작동하지 않았던 적이 있었습니다. 더 이상 진행이 불가능해졌지만 바로 객석으로 내려가 맨목소리로 관객과 소통하며 무사히 마친 적이 있었지요. 그날 이후 이벤트사에서 저의 위기 대처 능력을 인정하고 개·폐회식 등 비중 있는 행사를 맡기더군요. '행사의 여왕' 타이틀은 그렇게 만들어졌습니다."

요즘은 행사를 가려서 나간다. 강의에 매력을 느끼고 있기 때문이다. 청소년 대상 꿈과 진로 특강에서 자신의 경험을 아이들과 나누는 게 즐겁단다. 기억나는 에피소드를 물어봤다.

"10여 년 전 KBS홀에서 출연진 소개 뒤 퇴장하려는데 구두굽이 오케스트라 무대 틈에 끼여서 안 빠져 두 손으로 뺐던 일, 다른 행사에서 내빈 소개 때 남녀 동명이인이 같이 벌떡 일어나 웃음을 못 참았던 일, 황령산 절개지 붕괴 때 더 상세히 방송하려고 타 방송 모니터하다 정작 제 방송 시간을 놓친 일 등이 가장 대표적으로 황당한 일이었죠. 이젠 다 추억으로 남아 있습니다."

자격증도 많다. CS(고객 만족)강사, 병원코디네이터, 웃음 치료사,

펀(FUN) 리더십, 도형심리학, 애견 미용까지 광범위하다. 세상을 배워 가는 과정이란다. '짧은 방송, 긴 휴식'의 방송 시스템이 만들어 준 것이다. 결혼요? 지금껏 기다렸으니 인연의 그분이 곧 나타나지 않을까요, 라며 되묻는다. 카톡 메시지 '칼날처럼 꽃잎처럼'은 무슨 뜻일까.

"2013년부터 시작한 아침 독서모임인 '담북' 기본 12주 과정을 마치고 수료증과 함께 '님 닮은 시'라며 받은 겁니다. 박노해 씨의 시였어요. '여려 보이는 모습에 비장함을 품고 있어 그 시를 선택했다'고 담북 대표가 말하더군요. 저도 몰랐던 저의 특성을 끄집어내 줘 고마웠습니다. 치열한 삶 속에서도 유연함을 잃지 말고 살라는 뜻으로 가슴에 새기고 있습니다."

김 씨는 중풍을 앓고 있는 친할머니와 치매에 걸린 외할머니를 10여 년 넘게 같이 모셨던 부모님을 보면서 소외계층을 위해 자신의 재능이 쓰이기를 꿈꾸고 있다. 지난해엔 사회복지학 석사과정도 마쳤다. '입으로만 하는 방송이 아닌 마음으로 하는 방송을 하고 싶다'는 그녀, 비워야 채워지듯이 나눠주는 삶을 살도록 노력하겠다며 활짝 웃는다.

/

김지현 1974년 부산 출생. 95년 부산MBC 라디오 리포터 입사, 극단 전위무대 배우. 2000년 개금초등 특기적성 교사. 2001년 TBN 입사. 2011년 부산대 병원전산관리학과 외래교수, 배리어프리영상포럼 대외홍보부장. 2012년 부산시청 자미디어센터 강사. 2014년 부산대 사회복지학 석사. 좋아하는 운동 골프·수영·크로스핏·마라톤·스킨스쿠버. 연극 〈세일즈맨의 죽음〉, 〈위켄드코미디〉, 〈삼류배우〉, 〈나생문〉, 〈신의 아그네스〉 등 출연.

김지현

©김병집

현재 남극 대륙은 주인이 없습니다.
남극에 일반 활주로를 만들고 국내에 극지타운을
만드는 것은 미래 세대를 위한 적금이자
투자입니다.

대한민국 남극 탐험의 산증인

이동화

㈜남경엔지니어링토건 대표

/

그는 돈키호테 같은 사람이다. 이룰 수 없는 꿈을 꾸고 맺을 수 없는 사랑을 한다. 30년 전인 1985년, 우리나라 처음으로 남극을 탐험했다. 모두 미친 짓이라고 했지만 성공했다. 그 이후 세종·장보고 기지가 건설됐다. 남극조약 회원국으로 막차도 탔다. 36개국 중 33번째다. 이젠 남극 대륙 첫 사계절용 암반 활주로를 만들자고 주장한다. 남극에서 주도권을 쥘 수 있는 기회란다. 이동화 남경엔지니어링토건 대표 이야기다.

"현재 남극 대륙은 주인이 없습니다. 1998년 발효된 남극조약환경의정서에 따라 2048년까지 아무도 영유권을 주장할 수 없게 되어 있지요. 2012년께 남극 장보고기지 인근에서 우연히 폭 100m, 길이 1.8km 되는 암반층을 발견했습니다. 남극에는 현재 여름에만 쓸 수 있는 바다 얼음 위 '해빙 활주로'와 설원 위 '빙원 활주로' 밖에 없습니다. 미국이나 영국도 기지 근처에 암반층이 없어 암반 활주로를 못 만들고 있지요. 우리에게는 천운입니다."

이 대표는 남극 이야기만 나오면 열변을 토한다. 꿈을 이야기하니 듣는 사람도 설렌다. "우리나라 5천 년 역사 이래 최초로 한반도보다 더 큰, 새로운 땅이 생기는 것"이라고 귀띔한다. 자원의 보고인 남극은 중국과 인도를 합한 거대한 대륙으로 한반도의 68배 크기다. 지난 100년간 남극 대륙 1%를 조사했는데 그 1%에 매장된 석유·석탄만도 인류 전체가 100년은 쓸 수 있는 양이라고 강조한다.

"1911년 아문센이 세계 처음으로 남극점에 도달하고 일본도 곧바로 1912년 남극 탐험대를 보냈습니다. 우리나라 남극 탐험의 역사는 선진국에 비하면 100년 정도 뒤지지요. 100년 늦은 것을 한 방에 만회할 수 있는 것이 암반 활주로 건설입니다. 일단 접근성이 훨씬 좋아져 연구활동 기간이 기존 연 70일에서 150일 이상으로 확대되는 되는 효과가 있습니다."

이 대표는 뉴질랜드에서 남극까지 쇄빙선으로는 8~10일 소요되는데 항공기로는 6시간밖에 걸리지 않는다고 설명한다. 비용도 대폭 절약된다. 쇄빙선 운항 땐 하루 연료비만 6천만 원가량 든다. "암반 활주로가 건설되면 여름철 해빙기뿐만 아니라 악천후나 겨울철에도 갈 수 있게 돼 남극 대륙의 허브공항이 될 것"이라고 덧붙인다.

"암반 활주로 건설 비용은 대략 500억 원 정도면 가능합니다. 매일 운항하는 것이 아니니까 활주로 1개와 격납고만 있으면 되지요. 대신 경제 유발효과는 엄청날 것으로 분석하고 있습니다. 극지연구소가 국회에 보고한 자료에 따르면 최소 연 1천억 원으로 추산됩니다. 미국 등 다른 국가들로부터 받는 이용료 수입도 막대할 것으로 예상됩니다."

이 대표는 남극에 공항을 만드는 것과 동시에 국내에 극지타운 건설도 꿈꾸고 있다. 부산 인근 해안가 3~6만m²(1만~2만 평) 부지에 제2극지연구소와 극지체험관 및 박물관을 조성한다는 계획이다. 부산시도 적극적이다. 2천억 원의 사업비(부지 구입비 제외)로 쇄빙선 전용 부두는 물론 극지 훈련 캠핑장 건설 등을 추진하고 있다.

"부산시에서 백운포 · 동부산 단지 · 기장군 일원 등을 예정부지로 제시했습니다. 세계적인 극지타운을 조성하겠다는 의지가 큽니다. 저는 여기에다 첨단 극지산업단지 조성을 위한 추가 부지 확보를 주문했습니다. 극지타운과 산단 30여 만m²(10만 평 이상)가 합해져야 시너지 효과가 극대화될 것이기 때문입니다."

이 대표는 극지타운이 생기면 결국 그곳이 극지 관련 시설과 물자 공급, 교육을 책임지는 인프라 본부가 될 것이라고 강조한다. 해수부는 '2030 계획'에 의거, 2030년까지 남극에 기지를 총 6곳 조성한다고 발표했다. 6곳의 기지를 책임지는 물류단지가 될 것이라는 소리다. 맨 처음 남극 원정을 가게 된 계기가 궁금했다.

"제가 한국해양소년단 초기 멤버입니다. 78년께부터 훈련담당 대장을 맡았지요. 청소년들과 함께 낙동강 뗏목 탐사, 무인도 탐사 등 모험심을 기르는 활동을 많이 했습니다. 국내를 수차례 돌다 보니 식상해졌지요. 세계로 눈을 돌렸습니다. 아마존 탐험, 히말라야 등정 등 여러 아이디어가 나왔는데 그중 남극 탐험이 눈에 확 들어왔습니다. 한번 도전해 보자 싶었습니다."

이동화

이 대표는 당시 윤석순 연맹 총재, 그리고 해양소년단을 만든 김현리(작고) 사무총장과 의기투합해 3년간 준비를 했다고 밝힌다. 탐사팀은 해양소년단 지도자와 산악인들로 구성했다. 미국 등지의 세계적인 탐험회사와 접촉하며 자료를 수집하는 과정에서 남극의 중요성도 알게 됐다. 그러나 80년대 초는 해외로 원정가는 것이 쉽지 않은 시절이었다.

"일단 남극을 탐험하겠다고 하니 관련 부처가 다 반대하는 겁니다. 왜 가느냐는 것이지요. 사고가 나면 누가 책임질 거냐는 겁니다. 결국 대통령과 친분이 두터웠던 윤 총재가 대통령을 만나 남극 탐험의 의미를 직접 보고했고 우여곡절 끝에 원정 결정이 났습니다."

대한민국남극관측탐험대는 1진과 2진, 17명으로 구성됐다. 이 대표는 당시 막대한 탐험 비용 마련이 관건이었는데 언론기사를 보고 현대와 포철 등 일부 기업에서 후원을 했다고 밝혔다. 남극에 도착한 일시는 85년 11월 16일 오후 2시 33분이었다. 1진은 킹조지 섬을 조사하고 2진은 남극 최고봉 빈슨 산을 등정했다.

"남극 탐험을 갈 때부터 과학기지를 지어야겠다는 생각으로 갔습니다. 원정 이후 대정부 상대 설득작업을 꾸준히 했지요. 결국 86년 11월 남극조약에 가입하고 88년 2월 세종과학기지를 준공하는 성과를 얻게 됩니다. 제가 세종기지 1기 월동대원입니다. 지난해 장보고기지도 준공했는데 이젠 우리나라도 세계 10대 극지강국으로 발돋움했습니다."

이 대표는 89년 2월 귀국한 뒤 남극 탐험 경험을 살려 토목 전문 회사인 '남경'을 설립했다. 남경(南京)은 '남극의 수도'라는 뜻이다. 이 대표는 "기업 경영은 사람 경영이 전부"라는 믿음을 갖고 회사를 운영하고 있다. 어릴 때 읽었던 『김찬삼의 세계 여행기』가 도전과 모험의 세상으로 인도했다. 청소년들에게는 "자신이 하고 싶은 일을 빨리 찾아 미친 듯이 하면 반드시 성공한다"고 조언한다.

"사람들을 만나면 언제나 하는 말이 있습니다. 못난 선조가 되지 말자고요. 후손들을 위해 먹거리를 만들어 주는 것이 우리가 해야 할 일입니다. 남극에 암반 활주로를 만들고 국내에 극지타운을 만드는 것은 미래 세대를 위한 적금이자 투자입니다. 새로운 분야를 개척하고 도전하는 사람들을 북돋워 주는 사회가 되기를 희망합니다."

●덧붙이는 글: 2016년 3월 정부는 남극 장보고기지 암반 활주로 건설을 추진하지 않기로 했다. 운영비용과 유지 인력이 많이 들어 인근에 건설 중인 이탈리아 활주로를 공동으로 쓸 계획이라고 밝혔다.

/

이동화   1958년 부산 출생. 85년 제1차 남극탐험대 대원. 87년 대한민국 남극 세종기지 건설단 안전담당관. 88~89년 제1차 남극 세종기지 월동대 대원. 2005년 남극 세종기지 부두건설단 단장. 2013년 남극 장보고기지 건설단 선발대 단장. 85년 국민훈장 석류장. 86년 장보고 대기장. 2009년 과기부장관 표창. 2014년 산업훈장 포장. 2002년 부경대학교 대학원 공학석사.

©강원태

많이 웃는 사람, 박수 치며 남을 칭찬하는 사람이
스트레스도 적게 받고 건강하게 산다고 합니다.

박수로 웃음과 건강을

조영춘

세 계 웃 음 건 강 박 수 협 회   총 재

/

　"많이 웃는 사람, 박수 치며 남을 칭찬하는 사람이 스트레스도 적게 받고 건강하게 산다고 합니다. 손은 인체의 축소판입니다. 14개의 기맥과 345개의 경혈점이 있지요. 박수를 치면 혈액순환이 잘 돼 청춘 같은 활력을 오래 유지할 수 있습니다."

　조영춘 (사)세계웃음건강박수협회 총재의 박수 예찬론은 끝이 없다. 웃음건강박수를 만들어 전 세계에 보급하고 긍정적인 삶을 전파한다. 기업체·사회단체 강연회는 물론 중·고등학교 특강도 자주 간다. 동구 초량동 협회 사무실에서 조 총재를 만났다.
　조 총재는 대한민국 월드컵 박수 창시자, 박수 빠르게 치기 세계 기네스 기록(10초에 82회) 보유자, 세계 최초 박수 관련 석·박사논문 발표 등 다양한 이력을 갖고 있다. 또 태권도 7단, 택견 9단, 유도 3단, 검도 4단, 합기도 5단, 고무도 7단 등 합계 35단의 무술 고수이기도 하다. 박수를 연구한 이유가 궁금하다.

　"1975년 성지공고 체육교사로 첫 발령을 받고 육상부와 태권도부를 맡았습니다. 78년 지역 마라톤 대회에서 지도했던 선수가 결승점을 앞에 두고 쓰러졌던 적이 있었습니다. 아무리 고함 쳐도 안 일어났는데 시민들이 박수를 치니까 벌떡 일어나 뛰어 가더군요."

조 총재는 그때 "박수에 나도 모르는 어떤 힘이 있구나" 하는 것을 느끼고 연구를 시작하게 됐다고 밝힌다. 87년 동아대 석사논문 '달리기와 합장박수의 운동 강도 비교 연구'가 그 결과물이다. 박수의 운동 효과가 전력 질주와 다르지 않다는 것을 밝혀낸 것이다.

"대부분의 질병은 피가 잘 안 돌아서 발생합니다. 뇌졸중·협심증 등 혈관계 질환 환자는 몸이 차다는 공통점이 있지요. 암도 혈액순환이 안 돼 생긴다고 합니다. 박수를 치면 우리 몸의 온도가 상승합니다. 양손을 자극하기 때문에 두뇌 발달에도 긍정적이지요."

조 총재는 박수를 계속 연구하다 보니까 다양한 박수자세는 물론 박수체조 등도 개발하게 됐다고 밝힌다. 사랑박수·불꽃박수·학박수 등은 물론 여덟 가지 부위별 힐링 건강박수를 만들어 각종 단체나 모임에서 보급하고 있다.

"기본은 합장박수입니다. 손 전체를 모으고 치는 것이죠. 스트레스 해소와 전신 혈액순환에 최고입니다. 손바닥 집중치기(손가락은 닿지 않도록)는 소화나 장이 안 좋은 사람에게 좋으며 주먹박수는 후두부와 어깨 근육을 풀어 주지요. 손바닥 맨 아래쪽 부분만 치는 봉우리 박수는 요실금이나 전립선 등에 좋습니다."

조 총재는 "수지침 효과와 원리는 똑같다"고 설명한다. 침이 아니고 박수로 자극을 주는 것이 다를 뿐이라고. 흥겨운 음악에 맞춰 박수를 치는 '신바람 건강박수 체조'도 개발했는데 인기가 많다.

"본격적으로 건강박수 보급에 나선 것은 87년 논문을 쓰고 나서 부터였습니다. 당시 동아대·경성대·대동대 등 레크리에이션 교수로 출강하면서 학생들에게 다양한 놀이문화와 함께 건강박수를 가르쳤지요. 여기에다 마술·노래지도·리더십 강의도 했습니다."

조 총재는 인터뷰 도중 몇 가지 마술 시범을 보여 줬다. 체육교사 초창기인 76년 마술을 처음 접하고는 서울서 정식으로 배웠다. 벌써 40년이다. 자신의 마술 특기는 '리치 매직'이란다. 부자 되는 마술이다.

"돈을 크게도 만들고 계속 생기게도 합니다. 한 순간이지만 불가능한 것을 눈앞에서 현실로 만들어 주는 거죠. 환상적인 마술에 사람들은 열광합니다."

조 총재는 결혼식 주례로도 인기가 많다. 학교 제자들이 부탁하면 한 번씩 선다. 첫 주례는 41세 때 섰다.

"제가 뭘 하든 최고로 하려고 합니다. 이왕 주례를 서면 재미있고 감동적이게 하자 싶어 마술을 접목시켰습니다. 우선 주례사 하는 도중 황금불꽃 속에 장미가 나오는 마술을 보여 주지요. 결혼을 축하하는 의미와 신랑이 신부에게 재차 프로포즈하는 이벤트죠."

조 총재는 신랑이 신부에게 장미를 바치게 한 뒤 길이가 다른 로프를 똑같게 하는 마술(성격과 환경이 달라도 맞춰 살아라), 로프 2

조영춘

개를 하나로 만드는 마술(이젠 한 몸이다), 하트 하나를 두 개, 세 개, 크게 만드는 마술(사랑이 넘치게 살아라)로 마무리를 한다.

"웃음건강박수가 치매 예방에 최고라는 보고도 계속 나오고 있지요. 뇌를 자극하기 때문일 겁니다. 우리 조상들은 어린아이들의 두뇌 발달과 혈관 순환을 잘되게 하기 위해 다양한 놀이를 개발했는데 도리도리, 곤지곤지, 잼잼이 대표적이지요."

조 총재는 "도리도리는 뇌 운동을, 곤지곤지는 심장 활성화(손바닥 중간을 한방에서는 노궁혈이라 하여 심장을 의미)를, 잼잼은 혈관 자극을 의미한다"며 이 세 가지를 응용한 박수도 개발했다고 밝힌다. 청소년에게는 집중력을 강화해 학습 능력을 높이는 효과도 있다고.

"지난해부터 부흥중학교에서 1주일에 1번씩 마술과 건강박수, 웃음치료 과정을 같이 가르치고 있습니다. 아이들끼리 박수 체조하면서 자연스럽게 소통하기 때문에 왕따 문제 등도 많이 줄어드는 부수적인 효과도 있지요."

조 총재는 91년부터 부산선 처음으로 3개월 과정의 리더십 강좌도 열고 있다. 77년 미국 리더십 강좌(GRI) 교육을 받고 한국화시켜 보급하고 있다.

"리더십 강좌는 창의력을 갖춘 참된 지도자를 양성한다는 목적이 가장 컸습니다. 레크리에이션 강사 등 교육자들이 올바른 가치관을 갖고 아이들을 가르쳐야 미래가 밝아집니다. 긍정적인 사고를 하게 하고 용기를 주는 말도 훈련을 통해 길러질 수 있지요."

조 총재는 한 달에 10여 차례 강연회를 실시한다. 삼성 등 기업체는 물론 은행·교회·사찰 등 다양하다. 해외 강연도 종종 간다. 서울·대구·양산지회뿐 아니라 미국·중국·아프리카 가나에도 지회가 있다. 협회 내 건강박수치료사, 웃음건강치료사, 웃음레크리에이션치료사 과정이 있다. 현재 2천여 명이 배출돼 활동하고 있다.

"올바른 박수의 청음은 인간을 기분 좋게 만드는 소리라고 합니다. 박수의 특징은 맥박이 빠르게 올라갔다고 빠르게 회복된다는 점입니다. 하루 합장박수 3분씩 3세트를 하면 엄청난 운동효과를 볼 수 있지요."

조 총재는 "표정이 안 좋은 사람들이 웃음건강박수를 배우고 나서 얼굴이 밝아지고 복된 상으로 바뀔 때 가장 보람을 느낀다"고 말한다.

"박수를 치고 활짝 웃으며 칭찬을 해 주는 사회를 소망합니다. 서로 격려하는 이웃이 더 많아 지기를 바랍니다. 박수를 친다는 것은 평화를 뜻합니다. 화해를 뜻합니다. 용기를 뜻합니다. 웃음건강박수를 통해 더 평화로운 세상이 되기를 희망합니다."

/

조영춘 1948년 부산 출생. 75년 성지공고 체육교사 부임. 87년 동아대 박수 관련 석사 논문. 80~90년대 건강박수보급회 등 설립 활동. 89년부터 동아대 등 대학 출강. 91년 박수 빠르게 치기 세계 기록. 2005년 미국 캘리포니아 유니언대 박사 논문. 2008년 ㈜세계웃음건강박수협회 창립. 2012년 대동대 정년 퇴임. 현 대한택견연맹 부회장, 한국웃음치료사연합회장, ㈜한국마술교육협회장.

조영춘

©정대현

우리 아이들이 밤에는 '별이불'을 덮고 자고
낮에는 햇빛에 반짝이는 '물별'을 보며 사는
세상은 얼마나 아름다울까요.

낙동강 하구 지킴이

박중록

부 산 대 명 여 고 교 사

/

바다와 강이 만나는 다대포 앞바다. 1천300리를 흘러온 부드러운 흙이 각양각색의 모래톱을 이루고 있다. 바다와 강의 경계에 도요등·신자도·진우도가 일렬로 서 있다. 큰고니·왜가리·청둥오리·혹부리오리가 아름다운 자태를 뽐낸다. 서부산권 개발 속에서 하구는 잘리고 상처가 났지만 그래도 철새는 찾아온다. '신들의 정원'이라 불리는 낙동강 하구다.

"많은 부산 사람들이 겨울이 되면 철새를 보러 주남저수지나 우포늪으로 갑니다. 이곳 낙동강 하구가 아직도 전국에서 가장 다양한 철새종이 찾아온다는 사실을 모르지요. 경사가 완만해 유속이 느리고 수심이 얕아 철새들이 머물기 좋습니다. 특히 북쪽 김해평야가 먹이 창고 역할을 해 시베리아·알래스카뿐 아니라 호주·뉴질랜드 철새들도 이곳을 중간 기착지로 이용하지요."

'낙동강 하구 지킴이' 박중록 부산 대명여고 교사를 사하구 다대동 아미산전망대에서 만났다. 안개 때문에 흐릿했지만 왼쪽으로 멀리 가덕도에서부터 오른쪽으로 을숙도·낙동강하굿둑·염막둔치까지 다 보인다. 광활했다. 철새와 모래섬의 공존이 아름답다.

"낙동강 하구 새들을 전체적으로 조망하려면 이곳 전망대가 가장 좋습니다. 새를 가까이서 보려면 명지주거단지 동편 명지갯벌이 최고지요. 더 가까이 가서 보려면 원형이 남아 있는 을숙도 남단으로 가면 됩니다."

박 교사는 낙동강 하구는 3천만 평으로 주남저수지의 20배, 우포 늪의 40배가 넘는 크기라고 일러 준다. 특히 멸종위기종인 겨울철 큰고니는 전체 5천 마리 중 4천 마리 정도가 이곳으로 온다고. 세계 어디에서도 볼 수 없는 현상이다. 고니들의 먹이 식물인 새섬매자기가 이곳엔 군락을 이룰 정도로 넘쳐났기 때문이란다.

"1990년대엔 저도 낙동강 하구가 생태적으로 완전히 망가진 지역인 줄 알았어요. 을숙도에는 쓰레기매립장이 있었지요. 학생들과는 자주 견학을 왔습니다. 그러던 어느 날 평소 안 가던 을숙도 남단으로 더 내려가 보니 주남이나 우포에는 없던 새들이, 책에서만 보던 새들이 계속 나타나는 거예요. 놀라웠지요."

박 교사는 그때 '여기가 죽은 땅이 아니구나' 하고 느꼈단다. 90년대 후반 자동차를 구입한 박 교사는 다대포는 물론 명지 · 녹산 · 삼락 · 대저 등 일대를 샅샅이 탐색해 나갔다. '박중록의 주말'이 시작된 것이다. 학교 마치고 토 · 일요일 휴일만 되면 이곳으로 왔다. 습지와 철새는 어떤 계기로 관심을 갖게 된 걸까.

"1988년 생물교사가 되었지만 정작 자연과 환경에 대해 아는 게 없었습니다. 아이들에게 살아 있는 자연을 가르치고 싶다는 마음에 1995년 전교조 산하 '환경과 생명을 지키는 교사모임'에 참여한 게 그 시작이었지요. 방학 때마다 전국 교사들이 모여 발표와 토론을 했는데 그때 들꽃·나무·민물고기·습지 등에 대해 눈을 뜨게 되었습니다."

박 교사는 현재 '습지와새들의친구(이하 습새)' 운영위원이며 한국습지NGO네트워크 운영위원장을 맡고 있다. 습새는 2000년 10월 박 교사 주도로 결성됐다. 습새는 조류조사는 물론 무분별한 서부산권 개발 정책의 부당성을 지적하고 나섰다. 특히 녹색연합 등과 2000년대 초·중반 명지대교(현 을숙도대교) 건설 반대 운동을 조직적으로 벌여 나갔다. 토론회·서명운동에다 공사중지 소송까지 제기했지만 대법원 패소로 결론 나고 말았다.

"위안을 삼는다면 최악인 직선화는 피했다는 점입니다. 을숙도 남단은 통과하지 않은 거죠. 또 하나는 현지 주민이 아니면 소송 당사자가 안 되는데 철새조사 활동 단체인 우리가 적격 판정을 받은 점입니다. 첫 사례지요. 다른 지역서도 유사 소송이 가능해졌습니다. 낙동강 하구가 완전히 망가진 땅이 아니구나 하는 점을 시민들에게 알린 점도 큰 성과입니다."

습새는 2004년부터 매월 둘째 주 토요일마다 낙동강 하구 철새 전수조사를 실시하고 있다. 10년간 탐조활동을 담은 500쪽 분량의 『낙동강하구 조류조사 보고서』를 지난해(2014년) 11월 펴냈다. 낙동강 하구를 10개 구역으로 나눠 5개 팀이 조사한 것이다. 어떤 새가 얼마나 오느냐가 기본 내용이다. 박 교사는 1년에 평균 30만 마

박중록

리의 철새가 오며 꾸준히 100종이 넘게 발견되는 곳은 전국서 유일하다고 자부심을 드러낸다. 앞으로 낙동강 하구 위협 요인 중 가장 심각한 현안은 무엇일까.

"가덕신공항과 엄궁대교 건설입니다. 특히 가덕신공항은 기존 남북 방향 활주로 비행 경로(안)일 경우 낙동강 하구 철새들에게 치명적이었는데 최근 동서 방향 활주로(안)로 변경, 최악의 상황은 면했지만 계속 추이를 지켜보아야 할 것입니다. 엄궁대교도 마찬가지입니다. 오리·기러기 서식지였던 엄막둔치를 가로지르기 때문에 생태계에 큰 영향을 줄 것입니다. 신중한 논의가 필요합니다."

박 교사는 학교에서도 살아 있는 환경 교육을 실시하고 있다. 지난해 21회째였던 환경축제를 비롯해 환경동아리 활동, 낙동강 하구 철새 기행 등 다양한 경험을 제공하고 있다. 특히 박 교사가 담임을 맡을 때 주로 시행하는 학급야영이 아이들에게 인기가 많다고 전한다.

"아이들은 다람쥐 쳇바퀴 생활에 늘 지쳐 있지요. 인문계고 학생들은 다 그럴 겁니다. 운동장·교실·실험실 등에서 이뤄지는 학급야영을 통해 아이들이 교실에서는 배울 수 없는 것을 익힙니다. 세상을 보는 눈도 넓어지지요. 텃밭에서 기른 채소에다 고기를 함께 구워 먹으면서 새로운 힘을 얻습니다. 결국 공부하는 힘이 길러집니다."

박 교사는 대부분의 행사는 아이들이 스스로 기획·진행·정리를 한다고 설명한다. 초기에는 어려움이 많았지만 이젠 전통이 되었던

다. 철새 기행도 처음엔 억지로 나서던 아이들이 나중에 정말 오기 잘했다고 말할 땐 교사들도 힘이 난단다. 박 교사는 가장 아름다운 땅으로 진우도를 꼽았다. 자연의 원형을 고스란히 간직하고 있단다. 4km도 넘는 남쪽 모래해안과 북쪽 광활한 갯벌, 그리고 중앙엔 끝없는 초원이 펼쳐져 있어 경이롭다고 한다.

박 교사는 "조만간 하구 인근 주민들을 대상으로 '철새학교'를 열 계획"이라고 밝혔다. 자신이의 삶터가 얼마나 소중한 땅인지 스스로 깨달을 때 자연은 저절로 지켜지리리는 믿음에서다. 낙동강 하구에서만 볼 수 있는 쇠제비갈매기가 최근 번식을 포기했고 전 세계 200~300마리밖에 없는 넓적부리도요 개체 수도 급감했다며 안타까워했다.

"우리 아이들이 밤에는 '별이불'을 덮고 자고 낮에는 햇빛에 반짝이는 '물별'을 보며 사는 세상은 얼마나 아름다울까요. 그 땅이 바로 이곳, 낙동강 하구 '축복 받은 땅'이지요. 자연을 해치지 않고 서로 함께 공존하는 것, 자연 기반 세계적 탐조 여행지로 만드는 것도 한 방법일 겁니다. '지속 가능한 이용'은 우리와 후손들의 생존을 위해 피할 수 없는 시대적 요청입니다."

/

박중록 1959년 부산 출생. 88년 부산대 졸업, 대명여고 과학교사. 95년 전교조 산하 '환경을 생각하는 전국교사모임' 참여. 94년 제1회 대명환경전 개최. 98년 이후 토·일요일마다 낙동강 하구 본격 탐사. 2000년 '습지와새들의친구' 창립. 2000년 초·중반 명지대교 건설 반대 운동. 2010년 한국습지NGO네트워크 운영위원장.

©김병집

초기엔 주로 '가정용 불단'을 만들었는데
단순 반복작업이라 한 10년 하니 지겨웠지요.
아이디어가 작품으로 완성될 때 희열을 느낍니다.

불교 이야기를 새기다

김규영

/

"40년간 전통조각사로 일했습니다. 초기엔 주로 '가정용 불단'을 만들었는데 단순 반복작업이라 한 10년 하니 지겨웠지요. 문득 창의적인 것이 뭐 없을까 고민하다 불교 스토리를 형상화하는 작업에 눈을 돌렸습니다. 사찰 창건설화나 부처님 일대기 등에 관한 조각인데 보통 가로가 15m 이상 되는 대작들이지요. 아이디어가 작품으로 완성될 때 희열을 느낍니다."

2013년 부산 초대 공예명장이 된 광안공예연구소 김규영 장인. 지난 15일(2015년 5월) 수영구 광안4동 작업실을 찾았다. 1층엔 목재건조실과 기계실, 2층엔 공예 아카데미, 3층엔 전시실과 작업 공간이 갖춰져 있다. 김 명장은 1976년 부산공예고(현 한국조형예술고) 3학년 때 전국기능경기대회 금메달을 수상했다. 최연소 기록이다. 졸업하자마자 당시 부산 최대 공예사 공장장으로 스카우트 됐다.

"금메달 땄다고 10대 때 공장장이 됐지만 초기엔 직원들이 작업 지시를 무시해 많이 힘들었지요. 직원들은 타성에 젖어 제가 제시하는 방법대로 일을 하지 않았습니다. 한때 이직도 생각했지요. 어

김규영

쨌든 70~80년대 일본 수출용 가정용 불단을 정신없이 만들었습니다. 고도성장으로 일본 국민들이 여유가 있게 되자 일반 가정의 소규모 불단 수요가 엄청났지요. 이전엔 상류층의 전유물이었습니다."

김 명장은 10년 동안 한 달에 수백 세트씩 일본으로 수출했다고 한다. 처음 100여 명이었던 직원은 300명으로 불어났다. 당시 부산엔 동종업체가 30여 곳 정도 성업 중이었다고 말한다. 가정용 불단은 높이 2m 정도의 장롱 모양이었는데 안에 부처님과 제단 등이 갖춰져 있었다. 김 명장은 80년대 중반 3저 호황 등으로 우리 경제가 수직 상승하면서 인건비가 급격히 오르자 납품 단가를 못 맞추고 폐업하는 업체가 속출했다고 전한다.

"일본 바이어들은 인건비가 싼 중국으로 가정용 불단 제작처를 옮겼습니다. 저도 당시 불단 대량생산에 회의감이 들던 때였습니다. 저만의 독창성을 발휘해 작품을 만들고 싶었지요. 87년 광안공예사를 설립했습니다. 호의를 보였던 일본 바이어와 접촉을 했지요. 보상화·봉황도·당초문 등 불교에 나오는 도안을 응용해 새로운 스타일의 닫집(불상이 들어가는 집)·목불상·수미단·불전탁 등을 만들어 납품했습니다. 일본 측 반응은 폭발적이었습니다."

김 명장은 일본 사찰에서 원하는 물건을 주문하면 도면으로 디자인을 제시했던 게 주효했다고 강조한다. 대충 그림 그려서 그냥 감으로 만드는 것이 당시 관례였다. 김 명장의 차별성은 모든 작품의 도면화, 그리고 자신만의 독창적인 문양과 조각 방식이라고 설명한다.

"1990년 규슈 소재 정연사에 처음으로 부처님 일대기를 형상화한 작품을 납품했습니다. 가로 15m 크기에 출가·고행·첫설법·열반상 등 8상성도를 목조각한 것인데 주지 스님이 세계에서 하나밖에 없는 것을 만들어 줘서 고맙다고 1시간 넘게 감격해 정말 뿌듯했지요. 그 이후 삼장법사 일대기 입체화 작품을 비롯, 본존불·대좌(부처님 단)·광배 등 각종 사찰 물건을 25년간 계속 납품하고 있지요. 저와는 각별한 인연입니다."

김 명장은 2013년 나가사키 광전사에 설치한 작품이 가장 규모가 컸다고 말한다. 길이 25m의 이 작품은 아미타 경전 내용을 토대로 한 극락도를 장엄조각한 것이다. 김 명장은 1년에 평균 3~5개 작품을 납품했는데 모두 100여 개가 넘을 것이라고 말한다. 1개 완성하는 데 1년 정도 걸린다고. 일본 사찰은 법당이 부처님 계신 곳과 신도 있는 곳으로 분리되어 있는데 이 칸막이 시설물 위쪽에 주로 작품을 설치한다고 설명한다.

"국내서도 각 절의 창건설화나 부처님 행적 등이 글이나 그림으로 전해져 내려오고 있지만 일본처럼 조각으로 형상화한 곳은 거의 없습니다. 최근 충남 무량사에 인등(문수동자를 형상화시켜 복을 빌어 주는 기원등)·위패단 1천 기씩을 납품하고 있는데 이 절에서 창건설화를 조각할 계획을 갖고 있어 논의 중에 있습니다. 사찰 처마 밑 기존 벽화 위에 설치를 구상 중에 있지요. 형상화한다면 국내 첫 사례가 될 것입니다."

김 명장은 대부분의 불교 조각 작품은 옻칠과 금박을 하는데 일반인이 볼 때면 왜 저렇게 화려하게 할까 생각하겠지만 화려해야

김규영

환희심이 일어나기 때문이라고 설명한다. 목단 꽃꽂이를 하더라도 빽빽하고 넘치게 하는데 할 수 있는 한 최선을 다해, 내 마음을 다 바쳐서 공양한다는 의미란다. 김 명장은 지난해 3월 개원한 아카데미 사업에 요즘 애착이 많이 간다고 말한다.

"후진 양성은 물론 아이디어를 창업화시키는 요람으로 만들고 싶습니다. 지난해 3월부터 수강한 부산대 목공예과 한 대학원생의 '골프 치는 사람' '기도하는 사람' 디자인이 국가창업센터로부터 지원을 받아 실내등 상품으로 출하되고 있어 보람을 느낍니다. 일반인도 자신의 생각을 즉시 제품으로 제작해 볼 수 있는 공간이 될 겁니다. 소외 계층을 위한 공예지도도 의미 있지요. 창작한다는 기쁨과 함께 문화상품으로 개발되면 소득 창출도 될 수 있을 겁니다."

아버지가 목수였던 김 명장은 어릴 때부터 흙으로 동물 형상 만들며 잘 놀았는데 중학교 담임 선생님이 손재주가 좋다며 당시 새로 생긴 공예고 지원을 권해 1기 입학생이 됐다고 말한다. 어려운 가정형편도 한몫했다. 김 명장은 고교시절 승부욕이 남달랐다고. 돈 생기면 나무 사고 잘하는 사람을 계속 쫓아다녔다고 회고한다.

"수업 마치면 조각 담당 선생님 댁에 가 3년 내내 상업 조각을 도와줬습니다. 테크닉이 정말 많이 늘었지요. 특히 전승 불교조각의 큰 스승이셨던 김재호 선생님께 사사를 받은 게 큰 도움이 됐습니다. 제가 전통조각사라는 인정을 받게 된 계기가 됐지요. 아울러 초기 가공 단계를 줄여 주는 각종 공구 개발로 다른 사람보다 작업 속도가 2~3배 정도 빠르다는 것도 제 장점일 겁니다."

김 명장은 "지난달 말 공예문화산업진흥법의 국회 통과로 공예문화에 대한 정부 지원 근거가 마련됐다"며 사회의 발전 속도에 걸맞게 문화 상품도 발전해야 하는데 공예산업이 '문화가 있는 삶'의 한 축을 담당할 것이라고 강조한다. 한국전통문화대학교 객원교수이기도 한 김 명장은 공예 붐을 일으키기 위해 조만간 공예기술학회를 만들 계획이라고 덧붙인다.

"국내 사찰들은 차별성이 거의 없습니다. 지역에 걸맞은 문화를 느낄 수 있도록 특화시키는 작업이 필요하지요. 창건설화의 형상화 작업도 한 방법이 될 겁니다. 요즘 사찰마다 앞다퉈 설치하는 인등도 중국이나 베트남산 플라스틱 제품으로 넘쳐납니다. 플라스틱으로는 문화가 되지 않지요. 미래 세대도 자랑할 수 있는 건강한 사찰 문화가 형성되기를 기대합니다."

●덧붙이는 글: 김 명장은 광안공예연구소를 남구 용당동으로 이전했다. 명칭은 부산공예연구소로 바꿨다.

/

김규영 1959년 경남 진주 출생. 76년 부산공예고 3학년 때 전국기능경기대회 목공예 부문 금메달. 77년 부산 최대 공예사 공장장. 80년 동의과학대 수석 졸업. 87년 광안공예사 창업. 2010년 동국대 대학원 불교조각 전공 석사과정 졸업. 2012년 통영시청 공예지도 교사. 2013년 부산시 초대 공예명장. 2014년 공예아카데미 개원. 2015년 충남 부여 한국전통문화대학교 객원교수, ㈔한국기능연합회 4대 회장.

김규영

©김병집

아이가 내 마음속에 찾아왔는데 외면하면
서운해할 거 같아요. 그리울 땐 그리워하고
눈물 나면 눈물 흘리며 살려고요.

아이를 가슴에 묻은 엄마

정혜경

소 설 가

/

"큰딸이 태어나자마자 의사가 마음의 준비를 하라고 하더군요. 오늘을 못 넘길 거라고 했어요. 선천적 심장판막에 양수도 많이 먹었고 면역기능도 떨어져 있어 위험하다고요. 내가 할 수 있는 일은 뭘까 계속 생각했지요. 그런데 누군가 말하더라고요. 장애를 갖고 태어난 아이도 뭐든지 1만 번씩 하면 배운다고. 단지 안 해서, 포기해서 안 될 뿐이라는 거죠."

소설가 정혜경 씨는 1984년 그날 이후 인생이 180도 바뀌었다고 고백한다. 힘겨웠던 15년간의 시간강사 생활을 청산하고 지난해 (2014년)부터 조교수로 임용된 부산진구 동의대에서 정 작가를 만났다. 그녀는 당시 아이를 포기한다는 것은 상상할 수 없는 일이었다고 회상한다. 큰딸은 28년간 엄마와 행복하게 살다 2011년 하늘로 떠났다.

"출산 당일 안 좋은 일이 겹쳤어요. 진료 받던 동네 산부인과에서 문제가 생겼는지 큰 병원으로 가라고 했고 혼자 버스 타고 시내 종합병원으로 왔는데 보호자와 입원비가 없다며 접수를 거부하는 바

정혜경

람에 수술을 6시간 지체했어요. 임신 초기엔 방사선에 노출된 적도 있었어요. 남편이 쓰러져 복부 X선 촬영하는데 링거 들고 옆에 서 있었던 거예요. 그게 태아에 치명적 원인일 수도 있다고 훗날 이야 기하더라고요."

곧 죽는다던 큰딸은 4년간 인근 여러 병원을 왔다 갔다 하며 가 까스로 삶을 연장했다. 의사들은 아이의 지능이 기대할 수 없는 수 준이라 말을 못 할 것이며 골격 형성도 안 돼 걷는 것은 어려울 것 이라고 일러 줬다. 병명은 모른다고 했다. 큰딸은 툭하면 염증과 감 기로 고열에 시달렸다. 병원에서 해 주는 것은 응급처치뿐이었다. 정 작가는 큰딸을 집으로 데려왔다.

"병원에서 아이 병에 관한 책을 많이 읽었어요. 음식으로 면역력 을 키우고 아이를 즐겁고 편안하게 해 주면 좋아질 거 같았어요. 아이가 병원에선 물리치료 등 여러가지로 스트레스를 너무 많이 받 았거든요. 그때부터 제철 식품과 천연 재료로 이유식 등을 만들어 하루 세끼 꼬박꼬박 먹였지요. 클래식 음악도 틀어 주고 아이가 좋 아하는 동요나 가요도 제가 많이 불러 줬어요."

정 작가는 "엄마의 정성이 통했는지 기적적으로 아이의 상태가 서서히 좋아졌다"고 말한다. 5세 때부터 밥을 먹기 시작했고 6세 때 비틀거렸지만 걷기 시작했으며 8세 때 노래와 말을 거의 동시에 했 다고 전한다. 자폐는 불안해서 마음의 문을 닫는 거라는데 심리적 안정이 되니까 학습도 되더라는 것. 눈도 사시였는데 어느 순간 없 어졌다고 한다.

"큰딸은 10세 때 일반 초등학교에 입학했습니다. 몸이 안 자라 아주 작았지만 첫날 받아쓰기 100점을 받아 와 감격했지요. 긴 대화는 안 됐지만 짧은 대화는 문제가 없었어요. 조금 쉬었다가 둘째 입학 시기에 큰딸은 2학년으로 다시 들어갔어요. 이후 6년간 둘째가 언니 챙기며 학교를 다녔지요. 작은아이는 쉬는 시간만 되면 언니 반에 가서 언니를 살폈는데 그 모습을 동생 친구 엄마가 전해 줘 가슴이 짠했던 적이 있었어요."

정 작가는 네 살 터울 자매의 우애가 남달랐다고 전한다. 한번은 작은아이 다니는 유치원에 큰딸도 한번 보내려고 했다가 원장 선생님 반대로 성사가 안 됐는데, 이걸 작은아이가 보고 그날 이후 유치원에 갔다 오면 당일 배웠던 그림그리기·노래·율동 등을 모두 언니에게 가르쳐 줬다고 한다. 그녀는 언제나 긍정적으로 살았다. 비 오는 날, 20대의 택시를 놓치고 바로 운전면허를 땄던 그녀다. 장애에 대한 편견을 없애려고 소설도 열심히 썼다.

"남편은 결혼 초기 1년에 한 번씩 고열에 시달려 중환자실로 실려가는 등 몸이 약했습니다. 한 7년간 두 명의 중환자를 돌본 셈이지요. 남편은 큰딸을 투명인간 취급했어요. 엄마가 우울하면 아이에게 전달돼 생명이 소진된다는 말에 즐겁게 살려고 노력했지요. 큰딸은 엄마·아빠가 잘 지내는 것을 좋아했어요. 결혼 생활 동안 한번도 부부싸움 안 했어요. 친구들은 바보라고 했지요."

정 작가는 "큰딸이 없었다면 인생을 반밖에 몰랐을 것"이라며 아이가 준 기쁨이 너무 많다고 전한다. 큰딸 똥기저귀 갈고 집안 치우는 게 힘들다고 생각하면 한없이 힘들겠지만 그것만 빼면 아이가 주는

정혜경

행복이 너무 컸다고. 좋아하는 TV 음악프로를 보고 있다가도 엄마가 글쓰기를 시작하면 방해 안 하려고 즉시 음소거 버튼을 누르는 등 배려심도 정말 많았단다. 큰딸의 죽음을 어떻게 받아들였을까.

"팔다리에 힘이 점점 빠지는 모양이었어요. 불이 꺼져 가는 것 같았지요. 일어나서 먹어야 한다고 생각은 하는데 못 일어났어요. 막판에는 안쓰럽기도 했지만 제가 화도 많이 냈지요. 지금 생각하면 미안해요. 지상에서 머물러야 할 시간이 지났던 거예요. 학교에서 수업하던 중 아이가 쓰러졌다는 소식을 들었어요."

정 작가는 아이의 특별한 감성을 사랑했단다. 승용차로 이동할 때 교통체증으로 짜증을 내면 옆에서 '자동차가 밀려오네'라며 시적으로 표현하던 아이였다고. 언젠가는 엄마와 이별해야 한다는 사실을 알고 있으면서도 순간순간을 너무 행복하게 살았다고 한다. 자기를 괴롭히는 친구에게도 '안 밉다'고만 하는 아이였다고. 지난해 세월호 사건 땐 어땠을까.

"엄마가 아이 죽어 가는 모습을 지켜본 거였잖아요. 그 상황이 이해가 되지 않았어요. 너무 힘들었어요. 밤새 통곡을 하고 났더니 목소리가 없어졌어요. 그때 이후로 노래를 못 불러요. 고음이 안 올라가요. 큰아이가 보고 싶을 땐 같이 좋아했던 노래를 불러야 하는데 아쉬워요."

정 작가는 자식이 먼저 죽으면 그 마음은 쉽게 치유가 안 된다고 말한다. 그런데 지금 보상금이 얼마니 하며 돈으로 흥정을 하는 게 너무 가슴 아프다고.

"떠나간 아이들의 소망은 남은 부모와 형제, 친구들이 행복해하는 것일 겁니다. 아이들이 배 안에서 남긴 마지막 말도 '엄마, 아빠 사랑해'였잖아요. 그 사랑하는 사람이 힘들어하면 떠나간 아이들 마음도 찢어질 거예요. 우리 작은애도 언니 몫까지 살아야 한다고 자주 말합니다. 단원고 학생들도 꿋꿋하게 잘 견디고 친구 몫까지 행복한 삶을 살았으면 좋겠어요."

정 작가는 95년 등단했다. 책을 읽고 글을 쓰면서 그 험난한 세월을 견뎠다고 한다. 2000년부터 6군데 대학 돌아다니며 시간강사를 했다. 남편은 10년간 일을 쉬었다. 점심은 화장실에서 김밥으로 많이 때웠다. 그래도 학생들 가르치는 게 즐겁단다. 표절 시비도 있었다. 거대 방송사를 상대로 소송도 했지만 받아들여지지 않았다. 그래도 꿋꿋하다. 순간순간을 감사하며 산다.

"슬픔은 빨리 잊으라고 하지만 아이가 생각나면 물 흐르듯이 생각하며 살려고요. 아이가 내 마음속에 찾아왔는데 외면하면 서운해할 거 같아요. 그리울 땐 그리워하고 눈물 나면 눈물 흘리며 살려고요. 아이가 아픈 몸을 껴안고도 행복하게 살았던 것처럼 열심히 살 겁니다. 아이가 좋아할 거니까요."

/

정혜경　1960년 부산 출생. 79년 동아대 영문학과 입학. 84년 큰딸 출생. 88년 작은딸 출생. 95년 국제신문 신춘문예 단편소설 당선. 2000년부터 시간강사 6곳 출강. 2001년 중앙대 문학예술 석사. 2007년 부산대 국어국문학 박사, 같은 해 남편 사망. 2009년 방송사 상대로 표절 소송. 2014년 동의대 조교수 임용, 부산작가회의 부회장. 수상 경력 부산소설문학상, 부산여성문학상, 봉생문화상(문학부문).

정혜경

©김병집

공부 진짜 열심히 했어요.
재미 없게 들리겠지만 공부가 제일 재미있었어요.
몰입할 땐 행복했지요.

공부가 제일 재미있었어요

권서혜

부 산 대 영 어 영 문 학 과

/

요즘 대학생은 불안하다. 졸업이 두렵다. 마음에 드는 직장은 하늘의 별 따기다. 밑도 끝도 없이 스펙을 쌓는다. 청춘의 가장 아름다운 시기지만 가장 고민이 많은 시기이기도 하다. 독립해야 한다는 심리적 압박도 크다. 가장 힘든 것은 불투명한 미래다.

"공부 진짜 열심히 했어요. 재미없게 들리겠지만 공부가 제일 재미있었어요. 몰입할 땐 행복했지요. 사실 1학년 땐 원하는 대학이 아니어서 방황을 많이 했어요. 수업도 잘 안 들어가고 들어가도 건성으로 듣고 그랬죠."

떠나는 자와 새내기가 공존하는 2월의 캠퍼스엔 아쉬움과 설렘으로 들떠 있다. 부산 금정구 장전동 부산대학교 인문관 앞 운죽정에서 영어영문학과 4년 권서혜 씨를 만났다. 하얗게 단장한 인문관처럼 맑다. 같은 과 대학원에 합격해 일단 취업 걱정은 덜어서 그런지 여유가 느껴졌다. 졸업 학점은 4.36이다. 호주 교환학생에다 미국 계절학기 수업도 다녀왔다. 스펙이 빵빵하다.

"사직여고를 나왔는데 반에서 1,2등을 했지요. 서울 상위권 대학 심리학과 두 곳에 지원했죠. 근데 다 떨어졌어요. 수능을 망쳤거든요. 평소 모의고사보다 너무 안 나온 거에요. 만약을 위해 넣어둔 부산대 영어영문학과 수시전형에 다행히 합격했지요."

꿈꾸던 대학에 못 간 권 씨는 좌절감에 1학년 내내 공부에 흥미를 잃었다고 한다. 재수나 '반수'할 처지는 아니었다. 가정 형편이 넉넉지 않았다. 탈출구로 동문서클에 가입해 엠티도 가고 '썸'도 타고 친구들과 카페서 수다도 떨었다. B플러스 학점 두 과목은 이때 처음이자 마지막으로 받았다. 놀아도 기본은 했던 셈이다. 장학금이 필요했단다.

"1학년 겨울방학 때 누군가 '공부 잘하면 외국에서 수업 들을 수 있는 기회가 있다'는 말을 하더라고요. 교환학생 제도였지요. 이거 다 싶었습니다. 서울로 못 간 아쉬움과 패배감을 만회할 수 있겠더라고요. 2학년 때부터 마음 잡고 공부했습니다. 우선 수업부터 열심히 들었죠. 학점도 올리고 토플공부도 체계적으로 했습니다. 근데 하다 보니 정말 재미있는 거에요."

권 씨는 당시 전공 수업 중 '영문학사'와 '19세기 미국소설' 과목이 너무 적성에 맞았다고 웃는다. 특히 미국소설 수업은 원서를 미리 읽고 그것을 바탕으로 소규모 토론을 하며 자기 생각을 발표하는 방식으로 진행했는데 흥미진진했다고. 공부에 다시 눈을 뜬 것이다. 그녀는 이때 미국소설에 관심을 갖게 되고 훗날 대학원을 가야겠다는 마음을 먹게 된 계기가 됐다고 말한다.

"소설이 좋았던 이유요? 다양한 사람들의 심리를 엿볼 수 있고 시나 연극보다는 작가와 더 가까워질 수 있어서 그런 것 같아요. 좋아하는 소설은 스콧 피츠제럴드의 「위대한 개츠비」와 윌리엄 골딩의 「파리대왕」요. 「위대한 개츠비」는 내용도 재미있었지만 작품에 해석의 여지가 많아 좋았죠. 「파리대왕」은 인간의 어두운 본성을 스릴 넘치게 묘사한 것이 드라마틱했습니다."

권 씨는 중3 때 가정에 안 좋은 일이 있었다고 고백한다. 경제적으로 어려워졌고 심리적으로 힘들었다고. 그때 주변 사람들로부터 격려와 도움을 많이 받았다. 나눠 주는 일이 멋진 일이라는 것도 깨달았다고. 자기처럼 힘든 처지에 놓인 청소년이 있다면 치유해 주고 싶은 마음에 처음엔 대학도 심리학과를 지원했다고 설명한다. 그녀는 결국 영문학과에 가게 됐지만 대학 생활 내내 봉사활동을 꾸준히 하는 것으로 위안을 삼았다.

"오전 7시에 일어나 학교 가서 수업 듣고 알바하고 봉사활동 가고 또 공부하고 새벽 2시에 자는 일을 쳇바퀴 돌듯 3년 반복했습니다. 2학년 이후엔 한 과목 A학점인 것을 빼면 4학년 때까지 모두 A플러스를 받았지요. 결국 2학년 여름방학 때 미국 UC 버클리대 계절학기에 참여했고 3학년 2학기 때 호주 뉴사우스 웨일즈대학에 교환학생으로 가는 기회를 잡게 됐습니다."

권 씨는 미국과 호주에 유학 가 공부하면서 가장 부러웠던 점은 교수와 학생의 관계가 대등하다는 점이라고 지적한다. 수업 중 교수와 다른 관점이 있을 때 그 즉시 지적을 해도 교수는 그것을 받아 주고 토론 상대로 인정해 준다는 것. 특히 궁금하면 주저없이 질문하고 답변하는 자유로운 분위기가 아주 좋았다고 전한다.

"모든 수업에서 교수 1명에 최소한 1명의 보조자(조교)가 있는 것도 인상 깊었지요. 교수가 본수업을 하면 보조자는 보충수업을 하는데 항상 학생이 수업 진도를 따라갈 수 있도록 도와줬어요. 일방적으로 진행되는 강의는 없었지요. 학생들이 얼마나 이해했는지 점검하는 시스템이 있다는 게 정말 좋았어요."

권 씨는 특히 특정한 주제를 갖고 자기 생각을 적어 제출하는 에세이 과제가 많았는데 리포트를 작성해 제출하면 바로 점수를 내서 '이런 부분은 이런 게 잘못됐고 이런 것은 이렇게 보충하라'는 식으로 반드시 코멘트를 적어 줘 큰 도움이 됐다고 강조한다. 교수와 학생 간의 피드백이 잘되니 학생들의 수업 이해도와 토론 능력이 뛰어날 수밖에 없다고 덧붙인다.

봉사활동은 주로 대학 3~4학년 때 많이 했다. 삼성드림클래스 활동과 시민도서관서 초등생 대상 영어동화책 읽어주기가 그것이다. 장학금을 받고는 했지만 지난해(2014년) 1년간 실시한 삼성드림클래스 활동이 가장 기억에 남는다고. 저소득 중학생을 대상으로 방과후 수업을 해주는 프로그램이다.

"학교에서 먼 엄궁중에 배정됐어요. 1주일에 두 차례 2시간 수업하러 갔는데 오가는 시간 다하면 5시간 이상 걸리는 거예요. 그런데 몸보다 더 힘든 것은 아이들이 공부할 의지가 없다는 점이었죠. 동기부여가 안 되는 아이들이었어요. 자신감을 심어 주는 게 어려웠습니다. 임시방편이지만 내신 성적을 올리기 위한 수업도 해 보았어요. 성적이 조금 오르니 아이들이 관심을 보여 뿌듯했던 적도 있었죠."

권 씨는 지난 1월 고신대 의료팀과 함께 1주일간 필리핀 뚜게가라오 지역 의료봉사활동도 갔다 왔다. 통역담당이었지만 자신의 재능을 필요로 하는 곳이 있어 자부심을 느낀다고. 권 씨는 장비가 없어 수술을 못하는 환자나 병을 오래 방치해 아무것도 해줄 수 없는 환자에게 당시의 상황을 통역할 때 너무 안타까웠다고 전한다.

"곧 캠퍼스엔 봄이 오겠죠. 만약 저처럼 약간 패배감에 젖어 들어온 새내기가 있다면 들뢰즈의 '이상적인 이데아는 없다'는 말을 꼭 해 주고 싶어요. 한 사람 자체로 충만하다는 거예요. 못 미친다고 좌절하지 않길 바라요. 자신의 인생을 살라고 당부하고 싶어요. 저에겐 모교가 기회를 많이 주었어요. 서울에 못 간 거 전혀 아쉽지 않아요. 정말 감사해요. 후배들도 꼭 기회를 잡기 바랄게요."

/

권서혜   1993년 부산 출생. 2011년 사직여고 졸업. 2012년 미 UC버클리대 계절학기. 2013년 호주 뉴사우스 웨일즈대 교환학생. 2014년 삼성드림클래스 봉사활동. 2015년 1월 필리핀 의료봉사 통역 담당. 부산대 영어영문학과 졸업.

목적지를 향해 가는 여행도 길 위에서 대부분의
즐거움을 얻습니다. 일상을 경이롭게 살 수 있다면
행복은 저절로 따라오는 게 아닐까요.

낯선 곳에서 맞이하는 아침

최애경

스 튜 어 디 스

/

휴가철이다. 여행은 준비하는 과정이 더 설레고 즐겁다. 낯선 곳에서 맞이하는 아침은 삶을 풍부하게 한다. 반복되는 일상에서 새로운 힘을 얻을 수 있다. 항공업계도 메르스 충격에서 벗어나고 있다. 김해공항도 다시 북적인다.

최애경 아시아나항공 사무장도 활기가 넘친다. 비행 경력 21년차 베테랑 스튜어디스인 그녀의 근무지는 부산. 소위 부산 베이스 캐빈 승무원 1기다. 올해(2015년)로 딱 20년째다. 아시아나항공이 지난 1996년부터 국내 처음 도입한 제도다. 부산 출발·도착하는 비행편을 도맡아서 한다. 김해공항 아시아나항공 부산지점에서 그녀를 만났다.

"95년 입사하고 한 6개월간 서울서 근무했습니다. 가족도 없이 혼자 객지생활 하는 것이 쉽지 않았지요. 부산 거점 승무원 모집에 두말 않고 지원했습니다. 전 세계 다양한 노선을 경험하지 못하는 것은 아쉬웠지만 마음이 편한 쪽을 택했습니다."

최 사무장은 아시아나항공 내에서 '긍정 바이러스 전파자'로 통

261   최애경

한다. 같은 팀 이춘하 파트장은 "어떤 궂은일이나 힘든 일이 있어도 그녀가 하면 결과가 좋게 나온다"며 치켜세운다. 2014년 아시아나 항공 대표로 대한민국자원봉사대상에 추천되기도 했다. 요즘은 제빵·제과에 푹 빠져 있다. 책읽기, 악기연주, 요가와 필라테스는 일상이 됐다.

"여행하는 게 직업이지만 새로운 여행은 언제나 마음을 설레게 합니다. 괴테는 로마를 처음 방문하고 진정한 삶이 시작되었다고 했지요. 여행을 통해 안식을 찾기도 하고 영감을 얻기도 하고 위로를 받기도 합니다. 인생의 전환점이 되기도 하지요. 많은 사람이 부러워하는 저의 직업, 이 평범한 일상을 즐기며 삽니다."

최 사무장은 처음부터 모든 일에 감사하며 산 것은 아니라고 고백한다. 모든 직장맘이 마찬가지겠지만 육아와 일의 병행으로 인한 스트레스, 승객과의 갈등으로 많은 어려움을 겪었다. 언제부턴가 감사하는 마음으로 살기로 마음을 바꾸니까 세상이 달라 보이더란다.

"32살 늦은 나이에 결혼했습니다. 주의한다고 했음에도 임신 27주 만에 조산을 하게 됐지요. 인큐베이터에서 한 달을 보낸 아이를 보면서 평생 흘릴 눈물을 다 흘렸던 것 같습니다. 이 아이만 지켜주신다면 정말 열심히 감사하는 마음으로 평생 살겠다고 신께 맹세했지요."

최 사무장은 어릴 때 꿈을 이루게 해 준 스튜어디스 직업에 대한 자부심이 남다르다. 세계 어디든지 갈 수 있다는 것, 모든 사람의 로망이다. 초등학교 4학년인 딸도 유니폼을 입은 엄마를 자랑스러워한다. 엄마처럼 승무원이 되고 싶다는 그 마음에 실망을 주지 않기 위해 더 열심히 산다.

"첫 비행의 추억을 잊지 못합니다. LA에 가게 됐지요. 초등학교 때 미국 연수 갔다 오신 선생님이 유니버설 스튜디오 이야기를 해주셨습니다. 기차를 타고 가면 마치 기차가 절벽으로 떨어지는 것 같은 체험을 한다는 이야기였는데 너무 신기했지요. 커서 꼭 그곳에 가 봐야지 했는데 상상이 현실이 된 거예요. 열차를 탔는데 갑자기 어릴 때 생각이 나면서 눈물이 왈칵 쏟아진 경험이 있습니다."

최 사무장은 생각할 때마다 설레는 곳은 로마라고 덧붙인다. 〈벤허〉나 〈로마의 휴일〉 같은 명화 속의 장소를 실제로 보는 감동이 너무 컸다고 한다.

"보통 여행지는 실물보다 사진이 더 멋지게 나오지만 로마의 경치나 유적지는 사진으로 담아내기에는 너무 방대하고 정교한 것 같습니다. 실제로 볼 때 더 감동적이지요. 트레비 분수가에 동전을 던지며 다시 그곳에 오게 되길 꿈꾸는 연인들을 보면 저절로 마음이 흐뭇해집니다. 저도 결국 신혼여행을 로마로 택했습니다."

최 사무장은 2015년 6월 30일부터 인천발 주 3회 로마 직항편이 생겼다고 귀띔한다. 한 번씩 갈 생각에 기대가 크다. 그동안 20개국 70개 도시를 돌아다녔다. 가장 기억에 남는 승객은 누굴까.

"안타까웠던 20대 커플이 생각납니다. 2002년께 호주 시드니행

　　　　　　　　　　　　　　　　　　　　최애경

비행기에서였는데 남자가 출발하기 전 '언약의 반지'를 여자에게 끼워 주고 무슨 이유에선가 남자는 비즈니스석으로, 여자는 이코노미석으로 갔습니다. 이륙하면 기압 차이로 대부분 손발이 붓는데 반지가 작았던지 여자가 극심한 통증을 호소하며 승무원에게 빼 달라고 애원했습니다. 커팅할 방법이 없어 당황했지요."

최 사무장은 그때는 9·11테러가 얼마 지나지 않은 시점이라 나이프도 플라스틱만 쓰는 등 도구가 없었다고 말한다. 10시간 비행 동안 승무원들이 해 줄 수 있는 것은 마사지와 얼음찜질뿐이었다. 시드니에 연락해 도착하자마자 잘라 주었지만 반지를 끼워 준 남자도, 끼고 있던 여자도 울던 모습이 아직도 선하다.

"매너에 관해서는 일본인을 따라갈 국민이 없는 것 같아요. 기본적으로 남에게 피해를 안 주려고 합니다. 3명 쓰는 짐칸도 일본인은 정확하게 3분의 1만 쓰지요. 신문도 접어서 보고요. 미국인이나 유럽인은 기질이 밝고 잘 웃고 여유가 있습니다. 우리나라 사람의 경우 요즘은 많이 줄었지만 바퀴가 활주로에 닿기만 하면 그때부터 일어나 자기 짐을 챙기는데, 너무 서두르는 게 단점입니다."

최 사무장은 사내 봉사 동아리인 '피스위버(평화를 짜는 사람)' 회장을 2014년부터 맡고 있다. 2002년 설립됐는데 창단 멤버다. 가덕도 소양보육원을 정기후원하며 연말 바자를 포함, 연 1천만 원 정도 지원한다. 방학 때는 아이들을 공항으로 초청해 진로체험 교실도 개최한다.

"13년 전 처음 방문했을 때 까만 눈망울의 꼬맹이가 어느덧 자라

보육원 오케스트라 지휘가자가 되었습니다. 작은 노력이 헛되지 않고 무언가를 성장시켰다고 생각하니 너무 뿌듯했지요. 키가 크고 이목구비가 또렷한 소녀는 승무원이 되는 것이 꿈인데 아직 실현되지 못했지만 곧 이루어질 거라고 믿고 있습니다."

최 사무장은 틈만 나면 책을 읽는다. 자가운전하는 다른 승무원과 달리 지하철을 타고 다닌다. 비행 뒤 힘들 것 같아 운전을 안 하는 것도 있지만 독서의 즐거움을 놓칠 수 없기 때문이다. 펄벅의 『대지』부터 시작, 대학 시절 읽은 책만 600권이다. 요즘도 공공도서관을 자주 이용하는데 없는 책을 신청(한 달에 3권까지)하면 구입해놓고 대출 문자가 오는 세상이라고 귀띔한다.

"앙드레 지드는 행복을 순간 속에서 찾으라고 합니다. 저녁을 바라볼 때는 마치 하루가 거기서 죽어가듯이 바라보고, 아침을 바라볼 때는 마치 만물이 거기서 태어나듯이 바라보라고 합니다. 현자란 모든 것에 경탄하는 자라고 했지요. 목적지를 향해 가는 여행도 길 위에서 대부분의 즐거움을 얻습니다. 일상을 경이롭게 살 수 있다면 행복은 저절로 따라오는 게 아닐까요."

/

최애경   1972년 부산 출생. 부산진여고 · 동의대 무역학과 졸업. 대학 4년간 600권 독서, 가장 보람 있었지요. 95년 3월 아시아나항공 입사. 당시 경쟁률 80 대 1, 색동유니폼과 에지 있는 모자가 너무나 매력적이었죠. 96년 1월 부산 베이스 캐빈 승무원 근무. 2011년 캐빈매니저 자격 취득. 2010년 연주 동아리 '앙상블' 단장. 바이올린 파트, 화음이 어울릴 때 항상 전율을 느껴요. 2014년 아시아나항공 봉사 동아리 '피스위버' 회장.

최애경

©김병집

예쁜 얼굴에는 스토리텔링이 있습니다.
얼굴에 삶이 녹아 있어야 한다는 것이죠.

예쁜 얼굴에는 스토리텔링이 있다

선욱

부산백병원 성형외과 주임교수

/

"예쁜 얼굴에는 스토리텔링이 있습니다. 얼굴에 삶이 녹아 있어야 한다는 것이죠. 매력이 있다는 것은 끌린다는 것입니다. 얼굴은 예쁜데 이야기하다 보면 정이 떨어지는 사람이 있습니다. 지성미가 없기 때문이죠."

인제대 부산백병원 성형외과 의국에서 만난 선욱 교수는 '내적인 아름다움'이 말장난이 아니라고 말한다. 마음이 예뻐야 외모를 돋보이게 만들어 준다는 것. 성형수술이란 삶에 만족감과 자신감을 주기 위한 보조 행위라는 것이다. 선 교수는 1992년부터 양악수술 (안면골격성형수술)을 시작했다. 벌써 23년째다. 수술한 건수도 1천례 가까이 된다. 부산 지역선 최고 베테랑급인 셈이다.

겨울방학이 긴 요즘이 성형수술 성수기다. 성형외과마다 대학생 · 직장인들이 넘쳐난다. 1년치 수술의 40~50% 정도가 이뤄진다고. 지난주 서울 강남에서 중국인 여성 뇌사 사건이 발생하는 등 수술 중 사고도 심심찮게 벌어진다. 사람들이 위험을 무릅쓰고 성형을 하려는 이유는 뭘까.

"미를 추구하는 것은 인간의 근본 속성입니다. 학계에서는 이를 종족보존과 관련지어 설명하지요. 좋은 유전자를 후대에 물려주고 싶어 한다는 것이죠. 예쁘고 멋진 이성에게 끌린다는 것입니다. 우수한 형질을 가졌다는 것을 상대방에게 알리기 위해 사람들은 끊임없이 외모를 가꾸고 장식합니다."

선 교수는 "성형수술이라는 것은 좋은 유전자를 가진 것처럼 착각하게 만드는 것"이라고 명쾌하게 설명한다. 이를 상업적으로 발전시켜 거대한 성형시장이 형성됐다는 것. 현대의 성형시장은 성형수술뿐만 아니라 스킨케어·화장품·모발·네일아트 등 다양한 산업분야가 포함되어 있는 공룡시장이라고 말한다. '외모가 곧 권력이고 돈'인 시대라는 것이다.

"최근 미국 연구에 따르면 잘생긴 사람이 평균보다 연봉을 5% 더 받는 것에 비해 외모가 떨어지는 사람은 9% 덜 받는다고 보고되어 있습니다. 또 국내 만남 전문업체 선우 여성회원 1만 7천 명을 대상으로 한 조사에서도 외모를 5단계로 나누었을 때 단계별로 배우자 연봉이 평균 324만 원씩 차이가 난다는 연구 결과도 있습니다. 이젠 젊은 여자들이 경제적인 동기로 외모를 가꾼다고 보면 됩니다."

선 교수는 몸이라는 것이 예전엔 단순히 노동력과 생식의 근원이었지만 요즘은 사회적 가치를 가진다고 말한다. 특히 '예쁘면 착한역, 못생기면 악역'이라는 신데렐라증후군을 계속 주입받아 온 결과 아름다움이 선한 것이라는 '학습된 편견'이 생겨났다고. 결국 이미지 중심 문화가 현대 사회의 특징이라는 것. 성형수술은 언제 왜 시작됐을까.

"20세기 전후 유럽에서 가장 유행했던 성형수술은 매부리코 수술이었습니다. 코 성형의 시초였어요. 특히 독일에서 많이 했지요. 매부리코는 유대인의 특징이었는데 민족차별이 엄청났습니다. 유대인들 대부분은 수세기 동안 전당포업이나 장사 등에 종사했는데 그 이후 부정적 이미지가 고착됐던 것 같습니다. 유대인처럼 안 보이려고 수술했던 것이지요."

선 교수는 현대적 의미의 성형수술은 1차 세계대전 뒤 수많은 부상자를 치료하는 과정에서 얼굴 등 재건수술이 특화되면서 본격화됐다고. 성형외과도 그때 생겼다고 말한다. 얼굴 복원 과정에서 이를 응용한 미용수술도 급속도로 발전했다고 설명한다.

"수술 도중 문제가 생기는 것은 70% 이상이 마취사고입니다. 양악수술의 경우 바깥쪽에 흉터가 안 나게 하기 위해 입 안쪽으로 수술을 하다 보니 기도 쪽에 피가 고여 호흡에 문제가 생겨 발생하는 것입니다. 수술 중 기도가 막혔다는 것입니다. 나머지 20% 정도는 안면마비 등 기술적인 문제지요. 반드시 마취시스템이 잘 갖춰진 병원에서 수술을 하는 것이 필수입니다."

성형수술로 얼굴에 개성이 사라지는 것은 어떻게 생각할까. 선 교수는 "수술 받는 환자는 다른데 다 똑같은 수술을 하니 문제"라는 설명이다. 잘된 성형수술은 한 듯 안 한 듯 표시가 안 나는 것이라고 강조한다. 정체성을 잃지 않게 수술해야 한다는 것. 선 교수는 인제대 의대 1회 졸업생으로 백병원 교수로 근무하다 8년간 개원의

선욱

로 일한 뒤 다시 백병원으로 컴백한 특이한 경력의 소유자로 알려져 있다.

"국내 양악수술의 개척자인 서울백병원 백세민 교수 밑에서 89년부터 레지던트 생활을 했습니다. 92년 부산백병원으로 내려온 뒤 순전히 경제적 이유 때문에 96년 개업하게 됐지요. 4형제 중 장남인데 집안사정이 안 좋았어요. 김해서 2년, 부산 서면서 6년 등 8년을 개원의로 살았지요."

선 교수는 돈은 원하는 만큼 벌었다고 말한다. 특히 전체 수입의 30~40%를 일본인 환자에게서 벌었다고. 요즘 유행하는 의료관광을 2000년에 시작한 선구자였던 셈. 일본여행사에 지인이 있었는데 선 교수의 명성을 듣고 일본인 환자를 데리고 왔던 것. 요즘은 중국인이 더 많이 온다고 한다. 7 : 3의 비율로 중국인이 많다.

"개원의 시절 1달에 1번 정도 얼굴 기형 수술 등 무료 수술 봉사를 했지요. 김해 있을 때 자주 가는 햄버거 가게가 있었는데 팔에 화상을 입어 기능장애가 있는 알바 여학생이 딱해 무작정 병원으로 불러 수술해 준 게 계기가 됐습니다. 그 여학생이 최근 결혼한다고 인사하러 왔을 때 정말 고마웠지요."

일종의 재능기부였던 셈이다. 그 외에도 김해와 서면 외국인노동자진료소 등지에서도 토·일 주말을 이용, 의료봉사를 했다. 돈만 버는 것이 불편했다고. 2004년 잘나가던 100평짜리 서면 개원의 생활을 접고 다시 부산백병원으로 돌아가니 친구들이 다 '미쳤다'고 하더라는 것. 연봉으로 따지면 수입은 3분의 1로 줄었다고 한다.

"돈도 벌 만큼 버니까 다시 회의감이 드는 거예요. 의사 본분도 잊고 살았던 것 같고요. 보다 자유롭게 살고 싶어 다시 대학으로 돌아왔지요. 요즘 서면 등 성형외과 밀집 지역을 보면 만약의 사고에 대비한 응급 조치 관련 시스템이 부족한 게 가장 안타까워요. 안전에 투자하기보다는 대리석을 까는 등 병원을 화려하게 꾸미는 데 더 열심이죠."

청소년기 성형수술은 괜찮을까. 선 교수는 얼굴 뼈가 다 자라지 않은 시기에 수술하는 것은 위험하다고 말한다. 남자는 만 19세 이상, 여자는 만 18세 지나서 해야 문제가 적다는 것. 뼈 성장이 다 되지 않았을 때 얼굴에 칼을 대면 자칫 얼굴뼈가 자라지 않을 수 있다고 강조한다. 그는 후배 의사들에게 당부의 말을 전했다.

"성형수술의 40~50%가 성형 전문의가 아닌 의사에게서 시행되는 게 우려스럽습니다. '최선의 치료는 더 이상 해(害)를 주지 않는 것'이라는 맹자의 말처럼 환자 안전에 더 투자했으면 좋겠어요. 검증 안 된 시술법보다는 '근거 중심 의료'를 실천했으면 합니다. 내 딸·내 아들에게도 안심하고 할 수 있는 수술만 시행하는 자세가 꼭 필요합니다."

/

선욱   1960년 부산 출생. 85년 인제대 의대 1회 졸업. 89년 서울백병원서 레지던트 생활. 92년 부산백병원 교수. 96년 부산 서면서 개원. 2004년 부산백병원 교수 복귀, 민주의사회 회장. 2008년 산업자원부 기술표준원 의료기기 전문위원. 2010년 대한성형회과학회 부산경남지회 이사장.

선욱